JN313470

ロバート・A・F・サーマン 著　屋代通子 訳

チベット仏教が教える

怒りの手放し方

築地書館

Anger The Seven Deadly Sins
by Robert A. F. Thurman

Copyright © 2005 by Robert A. F. Thurman
All rights reserved
This translation published by arrangement with Oxford University Press

Translated by Michiko Yashiro
Published in Japan by Tsukiji Shokan Publishing Co., Ltd.

はじめに

わたしは怒りに怒っている――憎んでいるといってもいい。なんとか、なきものにしたい。解放されたい。もう二度と怒りに支配されず、わたしの体や言葉や頭を使って、自分自身やほかの人を傷つけないようにしたい。

しかし、怒りを憎むというのは、おおいなるジレンマだ。もしわたしが怒りに対して怒っているのなら、その時点で怒りに支配されているということだ。

怒りを止めるには、自分では怒れない。もし怒りを感じるのをやめられたら、それがどんなことであれ、目的を達したことになる。けれども、もし怒りに対して怒れないとしたら、結局のところ怒りの支配のもとに戻ってしまうのでは？

わたしは、前からずっと、怒りとうまく付き合えなかった。すぐに、それも激しく、我を忘れてしまいやすい。我を忘れると、一気に何やら荒々しい感情が渦を巻き、言葉がいきなり口をついて出たり、憤然と動きまわったり、昔ならば、ひょっとしたら襲いかかったり、殴りつけたり、罵詈雑言を浴びせたりしたかもしれない。生まれながらに癇癪《かんしゃく》の持ち主なのか。何か幼い時分に経験したことのせいなのか。

兄がいて、自分を守らなければいけなかったのはおぼえている。息を止め、顔を真っ赤にして自分のなかに湧きおこってくる恐怖心を抑え込み、外へ向かっては嵐のような怒りを発散させて、逆に向こうを怖がらせてやろうとした。その怒りは見せかけだったのだろうか――時にはそうだった。見せかけを忘れてほんとうに怒っていたことは――時にはあった。その境界は、細い線だ。

そういう争いで、わたしにはいくつか不利な点があった。そのひとつは、とても大きいものだった――少なくとも当時はそう感じた。

一二歳になるまで、わたしのほうが小柄だったのだ。兄は腕が長くて、こちらが殴り返す前に殴られてしまう。もっと悪いことに、わたしは人の顔を殴るのが怖かった。誰の顔であっても。どんなに怒り狂っていても、自分の握りこぶしが人間の顔に近づくと、まるで磁石の同極同士が反発するように、こぶしはそれて、肩か何かに当たってしまう。

その恐怖心がとても強くて、わたしは学校の体育の授業でもボクシングができず、かわりにフェンシングをやるはめになった。わたしはサーベルで切られるのも切るのも好きになれず、いつも先っちょを丸くしたフォイルばかり使った。先端にゴムをつけたしなやかなエペで相手をつくのは全然問題なく、防護をした胸や腹を刺すなら平気だった。

痩瘠持ちのせいで、わたしは言うことがきわめて辛辣だ。一二歳になって急に背が伸びるまでは、大口をたたくチビで、人の弱みを見つけ、そこをちくちくするのに長けていた。やりすぎることも少なくなくて、そのせいで大きなもめ事に発展した。

幸いなことに、頭が冷えているときはユーモアのセンスもあって友達もすぐできる。だから顔も広かった。成長して知性が発達してくると、わたしは激烈な論客になった。そして大学時代も、大学院時代も、若き教師の時代も、どうやら途方もなく威圧的な人間と見られていたようだ。

チベット仏教の僧侶だったとき、わたしの「ルート・ラマ（root Lama）」、つまりいちばんにわたしの魂を導いてくれたモンゴル人の師は、わたしがチベットの正式なディベートに使う特別なテクニックとコツを学ぶことを禁じていた。そういうコツを知らなくても十分議論に長けているし、テクニックを全部自分のものにしたら、「たくさんの人を不幸にする」からと言われた。わたしはとても不満だったが、ひとくさり不平を言ったあと受け入れた。わたしの同僚たちは、もし彼らを救ってくれたのが誰だったかを知ったら、きっと感謝したことだろう。


生家では、わたしは兄弟の真ん中だったので、両親や祖父母や兄弟のあいだを取り持つ役だった。家族はけんかするとき非常に感情的になって、しかもかなり芝居がかったわざとらしいやりあいをするのだった。

けれども後に、僧になるのをあきらめて俗世に戻り、結婚し、父親になってからも、自分の行動の根底に、短気で不満だらけで、そして、そう、かっかしやすい気質が相も変わらず潜んでいることを、わたしは発見したのだった。それはきっと、南部の無学な農民だった父方から受け継いだものにちがいない。「男はいちばん偉い一家の主」的な、まったくもって鼻もちならない支配欲をなんとか抑制しようと、わたしは僧侶として修行していたあいだに学んだあらゆる哲学的、心理学的、思索的、「思考改造」的洞察と技術を駆使し、時にはある程度成功し、時にはあまりうまくいかなかった。

我慢をしたり自分を抑制したりするとなると、いまだにすこぶる未熟ではあるものの、わたしなりに経験を積んで進歩はしてきているので、いまもなお進行中で学んでいる聖典をありがたく思い、そうした洞察や技術が健全で効果もあることには、知的な意味で満足をおぼえている。

◆

わたしたちの世代が世の中のためにしなければならないもっとも大事な仕事は、内省を深め克己することによって、個人のうちに、家族のうちに、そして文化のうちに受け継がれてきた心や言論、肉体による暴力の連鎖を断ち切ることだ。過去から引き継いできた怒りと暴力の縛りから自分自身を解き放たなくては、未来の世代のためにどうしても必要なほんとうの平和を、世界にもたらすことはできない。

怒りと暴力の縛りから解放されるなど不可能である、夢想だ、非現実的な空想だ、などという古典的な知見に屈することはできない。なぜならば、相互破壊が可能になってしまっているこの社会では、間違いなく自分たちを破滅させることになるからだ。それに、有史以来の預言者たちも夢想家たちも、みなが夢見たのはあらゆる生命の終わりではなく、新たな楽園であり、新たな大地だったではないか。つけ加えるならば、もしも最悪の事態が起こるとしても、最良の結果を得られるように全力を尽くし、結果がどうであれ後悔しないように努力することが、わたしたちの義務でもあろう。

ここでは怒りについて両極端にあるふたつの考え方を提示し、そのあいだにあるものを丁寧に述べていければと願っている。怒りへの抵抗を放棄することと、怒りそのものを放棄することだ。

一方の極に立つと、怒りに対して人は何もできない、せいぜい多少加減する程度だ、ということになる。宗教界にも俗世間にも、この考え方は存在する。

宗教界では、われわれの神は「怒れる神」であり、イエス・キリストでさえも気短で、金貸しのテーブルを蹴り倒し、パリサイ人らを非難するではないかと言う。怒りは神からの授かりものなのだ。われわれは、誰しも怒る。怒りは健全だ。不正を正し、社会悪を駆逐し、抑圧をはね返すのに怒りは必要だ。怒りがしのびがたい罪となるのは、不公正で過剰で自分を傷つけるような場合だけだ。怒りを抑制したり打ち負かしたりしようとする者は幻想にとらわれているのであり、完璧であろうとするがために、悪魔に操られてしまっているのだ。

また俗世間でこの立場に立つ者は、ダーウィンの衣鉢を継ぐ生物学の観点から、人間がみな怒りを抱くように、あらかじめ「配線」されているとみなしている。攻撃されたり抑えつけられたりする危険から身を守るために、怒りが必要なのだ。怒りは戦う勇気の源でもある。怒りを克服できるなどと考える人間は、フロイトもその後継者たちの研究も読んだことのない輩なのだ。

さてもう一方の極にくると、怒りは完全に撲滅できることになる。この立場では、怒りはまごうかたなき大罪だ。怒りはあらゆる意味で破壊的であり、どのような状況であれ赦されない。われわれは、怒りを消滅させなければならない。瞑想し、あらゆる情念を克服するすべを学ばねばならない。

怒りは炎であり、わたしたちを焼き焦がすだけだ。その炎を消し止めたとき、ニルヴァーナが訪れる。神々しい調和がわたしたちのものになる。そこでわたしたちはきっと聖人になり、完璧な超人になれることだろう。

最初のほうの極論は、宗教界や俗世間を問わず西洋社会に蔓延しており、東洋でも根強く見られる。

あとのほうの極論は、西洋では初期キリスト教のグノーシス派やユダヤ教、キリスト教、イスラム教の神秘主義に見られるが、東洋では、二元論的な仏教やヒンドゥー教、道教の形でもっと広くいきわたっている。

したがってこの両論を東洋対西洋の切り口で分けてもあまり用をなさず、一神教か無神論かという分類や、キリスト教と仏教を対峙させることも無意味だ。わたしがこれから述べようとする中庸の道は、そうしたありきたりの二項対立よりも、ずっとねじれている。

ついでながらつけ加えておくと、ことをさらに複雑にしているのは、怒りへの抵抗を放棄することと怒りそのものを放棄するという両方の極論に、わたし自身は、賛成であり反対でもあるという点だ。

ひとつめの立場、つまり怒りへの抵抗を放棄する立場に関して言えば、怒りにはエネルギーがあり、それを完全に避けては通れないという点では同感だ。怒りのエネルギーは火にも似ており、火は存在の基本要素である。火は燃え、時には傷つける。火が存在の一部分をなしている世界から火を排除し、少しばかり前より涼しくなってしまった場所がもとのままのようなふりをするのは、非現実的だ。

一方、怒りが火になぞらえられるといっても、怒りは火そのものではない。また、火は必ず怒りとともにあるわけでもない。そういう意味では、この考え方に同意しかねるのだ。古代の怒れる神は、民族の意識の投影であって現実ではない。

「神」は民衆の神々のなかの神であり、その部族の一般の人々以上に激しく怒るわけではないのだ。イエス・キリストを怒れる者として描いたのは怒れる福音記者たちであり、初期のユダヤ系キリスト教徒たちで、彼らは仇敵であるユダヤの律法学者たち、キリストを救世主と認めようとしない学者たちを邪悪なる者に見せるために、キリストを利用したのだ。

フロイトは優れた人間観察者だったが、その彼も、暴力的な文化における、心理学という未熟な学問をはじめたばかりのほんの初心者にすぎなかった。それはその昔、インドの人々が「インナー・サイエンス」と呼んだ心理学にくらべれば、むしろかわいいものだ。記録にとどめられているこの五〇〇〇年あまりのわたしたちの歴史、家父長的で軍国主義的な文化においては、怒りは避けられず、だからこそわたしたちは常設軍や警察、監獄、厳格なる社会統制やら極刑やらを放棄することはできない――ほんとうにそうだろうか。わたしたちは、もっとやれるはずだ。あきらめることはない。

ふたつめの極論、すなわち怒りそのものを放棄するという立場にも、わたしは賛成であり反対だ。怒りが破壊的であるというのは避けがたい事実だし、怒りを正当化することはできず、役にも立たない。批判精神を養い、集中力を最高に高めれば、因襲に満ちて、大仰で、人心を惑わせる現実から完全に距離をおくことができ、そうなれば怒りの炎からも情念の波からも妄念の檻からも解放され、ニルヴァーナの至福を未来永劫手にすることができる、というのも理解できる。そこには、これっぽっちの邪悪さも、非現実感もない。

ニルヴァーナは究極の善であり、「神」の本質だ。洋の東西を問わず、多くの聖人たちがそれを指摘してきたし、いままた西洋では、一歩進んだ内なる心理学が、ニルヴァーナを再発見しようとしているところだ。


しかし、ニルヴァーナとは何かとつきつめてみると、怒りからの脱却に完全に同意しかねる思いがしてくる。

ニルヴァーナは何のためにあるのか。

自分ひとりだけの、周囲からまったく隔絶した心の安寧のためなのか。

世界には、自分以外の生命もあるのではないか。

あなたのニルヴァーナは、ほかの生きものの痛みを打ち消してくれるだろうか。

「神」とは、魂だけで肉体がなく、いまだ迷える生きものたちには目もくれないものなのか。

炎にだって有益な使いみちはあるのではなかろうか。

怒りから切り離された炎なら、生きとし生けるものを温め、照らし、苦しみを焼き焦がしてくれるのではないか。

知恵によって炎を使いこなし、ともしびとして掲げ、無知や偏見や独善の闇を明るく照らすことはできないか。

ブッダも、人々の終わりのない苦しみの定めには激しく憤ったではないか。

神がそうなさったように、全身で怒りをあらわにしたではないか。

歴史上の聖人たちも、俗人のために戻ってきたではないか。

怒りは、憎悪と結びついたとき、分別ある人間を屈服させ、男女を問わずその人物を悪意でわしづかみにして、憎悪に満ちた怒りを向けるべき相手を、傷つけ破滅させるための道具に貶めて隷従させてしまう。相手を破滅させると同時に、道具その人まで破滅させてしまうことになっても頓着しない。

憎悪にからめとられた怒りが役に立つことなどありえないし、正当化できることもない。自分にとっても他人にとっても、これは例外なく有害なのだ。

そのような怒りが組織化されると全面戦争になり、核分裂を招く。だが幸いなことに、そのような怒りであっても、うまく手綱をとって抑制し、戦争を防いで核戦争へといたる道を避け、超越することは可能なのだ。

怒りにとらわれた奴隷たちも、必ずみずからを解放できる。怒りの支配に屈する必要はない。そうなれば怒りの純然たるエネルギーは、身を焦がすような憤怒の炎は、『平和の原子』となり、力強い道具となるだろう。その炎は家を温め、闇を照らし、無知という足かせを焼きつくしてくれるだろう。思いやりのある心であれば、この炎を有効に使いこなし、人々の苦しみを滅ぼすことに役立てられる。

わたしたちが目指すところが怒りの克服であるのは間違いないが、ただそれは、怒りが乱用している炎を絶やしてしまうことではない。わたしたちは知恵をもって炎を操り、創造のために使おうではないか。

ここで、わたしたちのような物質至上主義の人種にとっては、すこぶる受け入れがたい話をしなければならない。この話がもしほんとうなら、これまでのあらゆる「科学的」世界観がひっくり返る——天が地になり、内側が外側になってしまう。

我らの世界の究極の炎は、パルサーは、超新星の白熱は、最後の審判の炎は、すなわちアインシュタインや核反応よりもはるか以前に原子を分裂させたあのすさまじい炎は、結局のところ「わたしたちの精神の炎であり、批判精神という知の燃える炎」であって、わたしたちの精神が制御し、繰り出している途方もないエネルギーだということだ。そしてこの事実は、ブッダには早くから知られていたけれども、わたしたちひとりひとりの経験からも証明できるのだ。知とは超知識《プラジュナ》、つまりブッダの超知性で、物事の表層に見えているものと本質とを、ともに見極めて、真の現実を知ろうとするゆるぎない批判精神なのだ。

何かを分析するためには、どうしても、ある程度は対象物を壊さなくてはならない。対象を切り開き、見透かし、現世においてそのものが存在することに、現実にどれほどの意義があるかを正確に見定めるために、そのものが究極には無であることと向き合わねばならない。

そのような認識がなされたとき、人は何ものかの道具であることから解放され、みずからが深奥にあるエネルギーの使い手となる。その時はじめて、人は、それまで怒りにとらわれていた生々しいエネルギーを操作できるようになり、世界の秩序をつくり変えられるようになる。さらに願わくば、知性ある存在の生を守り、知性ある存在が解放され続けているように、手を貸すことができる。

だから科学的かつ心理学的な仏教の「無限論（infinitheistic）」においては、人々を解放する卓抜した知性は、その切っ先から目もくらむような炎のほとばしる鋭い剣であり、解剖用のメスであり、まばゆい灯火であり、きらめく金属カッターなのだ。

一神教の伝統では、こうした究極の知性を「神の精神」とみなし、このエネルギーはあらゆる存在、あらゆる事物を創造することも破壊することも可能だと考えている。

無限論と一神教が違うのは、一神教ではこの究極の精神から人間を締め出しているところだ。人やそのほかの創造物が、みずからも進化して、仏として完成されることはないとしているところだ。すなわち一神教は、人間が進歩しても怒りから完全に解放されることはありえないと考えているわけだ。

悟りを開いた人間が、かつては怒りに支配されていた炎を飼いならし、世界の無知を破壊してあらゆる人々が解放されている世界をつくりあげることができるとは、一神教ではよもや考えられていない。少なくとも一神教信者の大半はそうだ。

もちろん、有史以来、折に触れて、「神の精神」をみずから体感した神秘主義者や霊知者は出現してきた。けれども、われわれ多くの人間がそうした人々について知るすべは、ほとんどない。なぜなら権威主義的西洋社会は、そうした霊能力者が現れると、たちどころに排除してきたからだ。

批判精神によって怒りのエネルギーを思いやりの力に変えることは、自己中心的な物質社会の慣習を根こそぎひっくり返すことでもある。というのも、細やかにして鋭敏な精神というものは、いかなる物質の総和よりも力強いのだ。そして神の究極の力は、星々をも呑み込む超新星もかくやという白熱の炎であり、それは実のところ、ひとりひとりの人間の精神のなかに秘められているからだ。そうして事物の意味は逆転する。他者が自分自身よりも大切になり、知は無知よりも幸福となり、執着するより解放されているほうが自然な状態となり、何より愛が憎悪に満ちた怒りよりも、はるかに力強いものとなる。これが、怒りを完全に克服した世界だ。真実に生きることが生存に欠かせない要素であるとしたら、恐怖から解放されることは、よりよく生き続けるために、至福に満ちた繁栄のなかで自分以外の人々を思いやりながら生き続けるために、絶対に必要な要素なのだ。

もくじ

本書は、ニューヨーク公共図書館とオックスフォード大学出版局による
キリスト教「7つの大罪」についての講演企画のうち、『憤怒』の翻訳版である。

第1章　怒りは罪なのか、毒なのか

　ここでしばし、怒りの恐るべき脅威について、一緒に考えてみよう。怒りは西洋のキリスト教やイスラム教社会では、長らく「大罪」であるとみなされてきた。東洋の仏教社会では、怒り（ドゥヴェシャ）は「煩悩（クレーシャ）」あるいは「毒（ヴィンヤ）」と呼ばれ、貪欲や妄念と並ぶ三大毒のひとつであり、これこそが人生の苦しみであるサムサラ、つまり不毛な挫折をはてしなくくり返す真の要因をなすものだ。

　怒りについてともに考えを深めることは、苦痛ではあるかもしれないが、非常に重要だ。なぜならわたしたちの国家も世界も、いまや、またしても世界戦争の瀬戸際にあると思えるからだ。「戦争」とは実のところ、「組織された怒り」の別名にほかならない。文化によって怒りが組織されると、軍国主義的にして暴力的な生きざまの基準がつくられる。その典型が、アキレスからターミネーターにいたるヒーローの系譜だ。

政治によって組織された怒りは、「テロ」に対する先制攻撃と称するアメリカの侵略戦争になる。わたしたちはいま、統制国家とメディアのプロパガンダによって、世界侵略戦争に引き込まれようとしているのだ。ＣＩＡの元長官が、このきたるべき世界戦争を、公然と「第四次世界大戦」と呼んでいる（この場合、冷戦を第三次世界大戦と数えている）くらいだ。この一世紀のあいだ世界各地で休みなく続いてきた戦争状態を、一気に加速するものだ。

一方この間、わたしたちは多かれ少なかれ、戦争は終結に向かっているものと考えていた。ウッドロウ・ウィルソンは、第一次世界大戦があらゆる戦争を終わらせるものと考えた。一九九〇年代には、冷戦の終結で戦争の歴史に終止符が打たれると楽観した者もいた。新しい世紀とともに、平和な地球の夜が明けるという希望の光のなかに立っているつもりでいた。ところが突如として大統領選挙の結果が覆され（これも、わたしたちを除く世界中の人にお見通しだったようだが）、戦後の「平和の分け前」は失われ、「バベルの塔」の崩壊を地でいく9・11の悲劇がわたしたちアメリカ大衆の無意識を侵食して、われわれは「テロに対する終わりなき戦争」にどっぷり浸かるはめになったのだ。わたしたちアメリカ人はまたしても、終わりの見えない戦争の経済と文化、イデオロギーにからめとられているわけだ。

◆

怒りは戦争にエネルギーを注ぎ込む。核融合的怒りが、化学的怒りが、生物的怒りが、大量破壊兵器となり、そうなればこのちっぽけな惑星上の生命など、根こそぎ破滅させられてしまう（とはいえ、生命がそれでも続くという常識的な見方からすると、誰もが甘い忘我の彼方に逃避できるというわけではなく、単に現在の暮らし方や住まいを失い、あらたな苦しみのなかで恐怖におののいて生き続けなければならないだけかもしれない）。

永遠に終わりの見えない戦争は、怒りを神格化する。神格化された怒りは、かつてないほどに世界のあらゆる仕組みを支配し、暴力的な経済を支えて、芸術や文化、暴力を信奉するメディアや教育制度、独裁的な社会や家族の在り方、個々人の人格の形成にまで影響するだろう。

だからこそ、いまのわたしたちには、怒りを検討することが急務なのだ。その性質を見極め、怒りが罪なのか毒なのかを見定め、どのくらい「致命的」なのかを知らなければならない。

核となる疑問はこれだ——怒りとは人生に不可欠なものであって、あきらめとともに飼いならすべきものなのか。あるいは、われわれがいま生きているあいだに、正面から向き合って克服しうるものであり、したがって耐えしのぶ必要はなく、むしろひとりひとりが、あるいは社会全体が、ひいては全世界が立ち向かって打ち負かすことのできるものなのか、ということである。

第2章　怒りと暴力と文化

西洋世界では、怒りはいかにして「大罪」になったのだろうか。

あまたある罪のなかでも、怒りはとりわけ「決定的」で「容赦ならない」と考えられてきたが、これは怒りが、神とともにある霊的な生活を打ち壊す凶器であり、神に与えられる至福とつながることを断ち切るものだからだ。

もし心に怒りを抱えたまま死ぬと、つまり、怒りを悔い、告白し、そこから解放されるべく努めないまま生を終えるならば、みずからを地獄に追いやることになる。したがって、西洋社会で怒りが「決定的」であるというのは、死後、人間がその永遠の命を天国で過ごすか地獄で暮らすかという次元での話だ。

一方、東洋社会でも、怒りは同じように「命取り」なものとみなされている（もっとも宗教的には、「死すべき」という語は西洋と同じ用法では使われない。怒りは毒蛇によって象徴されている）が、それは、怒りによってこの世で生きている人間が、他人の命を奪ったり、みずからを滅ぼしたりする原因となるからであり、さらには生まれ変わるときに、いまよりもみじめな境遇に落ちていくからだ。つまり、単に地獄の領域に落ちるだけでなく、幽霊（プレタン）として生きねばならないかもしれず、畜生として、地の底にあるものとして、あるいは人間のなかでも最下層の人間として生きねばならないかもしれない——西洋の死後の世界にくらべ、生物としてなんと恐ろしく、幅広い可能性が待ち受けていることか！

現代でも多くの人が、まだ怒りを「決定的」だと考えているが、いまでは「罪」というより「否定的な感情」としてとらえられている。「罪」という考えは、原理主義や神秘主義の集まり以外では、あまり受けがよくないのである。

ほとんどの人が共通して思い描く死後の世界は、いまや急激に影を潜めてしまっていて、だから「決定的」といっても、この世で幸福になるチャンスに恵まれるかどうかを「決定する」、そしてひょっとしたら、殺すか殺されるかで、この世での命が「決定する」という程度の意味合いだ。

ある感情や行動が魂にとって「決定的」であるという含みは、もはやほとんどない。というのも、物質主義者や、単にイデオロギーとして宗教を信奉する者（これもまた核心部分では物質主義者だ）は、自分たちが実際に「魂」を「持っている」という感覚がなく、将来自分がどう生まれ変わるかとか、個の永続性といったことに、腹の底から不安を味わったためしがまずないのだろう。

宗教意識調査の類によれば、九〇パーセントだとかそういった途方もない数のアメリカ人が来世での自分の存在を信じていて、将来自分が天国に行く（キリスト教徒ならばイエス・キリストの慈悲により、またユダヤ教徒やイスラム教徒ならば神様に直接お願いして）と確信しているそうだ。しかしわたし自身の経験からすると、そのような数値はとてもありえない気がする。仮に結果がほんとうだとしても、そうした人々が考えている来世においては、怒りがさしたるトラブルを招くもとになることはなさそうだ。

少なくとも、怒りのせいで、キリストや神様ですら手を出しかねるほどのトラブルに陥ることなどありえない――だからそういうあなたにとっては、怒りは「何がなんでも決定的」な罪ではないわけだ。その上、キリストも神も、不信心者や罪人、そのほか下々や異国のあらゆる非選民たちへの正当なる怒りを表すことは、お認めになっているではないか。

このようなわけで、現代西洋の宗教観では、怒りはさして深刻な罪とは考えられていない。これは一種の自然現象で、嵐や稲妻と似たようなものであり、どちらかといえば、男性の特権だとか権力者の特典であるかのようにみなされている。

ただ女性が怒りをあらわにするのは、やや眉をひそめて見られやすい。口やかましいだとかヒステリックだとか言われるわけだ。

それから、正当な怒りというものもある。犯罪に対する怒り、不正に対する怒り、手抜き屋やおせっかいやき、贅沢や極度の貧困などなど、個々人が罰せられるべきものから社会に対して闘っていかねばならないものまで、正当なる怒りの幅は広い。

したがって現代の信仰のあつい人々のなかには、ある面では怒りを道徳的に、また実際問題として、不適切な感情として抑制しつつ、一方では怒りを重んじ、おおいに活用し、最終的には母なる自然の世界や神の領域にあるものだから、完全に理解したり掌握したりはできないものとみなしてしまうことができるのだ。そうした人々は、死刑や厳罰主義、麻薬やテロ、識字率向上の闘いといった形に表れる怒りを愛するのである。

では宗教を信奉しない人々は、どうだろうか。わたしの知る人のほとんどが（宗教意識調査からすると、アメリカ人にはほんの五～一〇パーセントほどしかいないはずなのに）、実はこの手の人なのだが、彼らは怒りをまったく違う観点から見ている。

彼らはまず、怒りが「大罪」だなどという観念は、宗教団体がごく当たり前の人間の感情を抑えるために使う方便だとして、ゴミ箱に捨ててしまう。彼らは、罪だのあやまちだのという考え方を忌み嫌っている。

昨今では、怒りには心身の健康を損なう効果のあることが科学的に論証されて、彼らも心穏やかではいられないけれども、何らかの宗教的な思惑が実験室に入り込んで、科学的論証そのものにバイアスがかかっていることも、疑ってみているかもしれない。

いずれにせよ、この手の人たちは怒りが大好きで、怒りが有効な感情であり、最新の「アンガーマネジメント」なるテクニックを習得することでエネルギーとして活用できると、怒りを復権させようと熱心に取り組んでいる。

いまどきの解放された女性たちは、とりわけ、怒りを駆使する正当な権利を取り戻そうと固く決意し、男性至上主義者の脅しや支配、抑圧に屈服しないためのツールとして、怒りを活用しようとしている。

彼女たちは、怒りが自分自身や他人を痛めつけたり、人との関係を壊したりする可能性に気づいてはいるものの、自分たちが長らく耐えしのんできた厳しい抑圧という状況のもと、怒りが目に見えない形で働いていたとも感じている。経済的な抑圧のなかでも、文化や、社会的な関係のなかでも、いずれにせよ怒りによって傷つけられることが避けられないならば、いっそのこと目に見える形に引きずりだし、自分たちで使いこなし、矛先を別に向けてしまえというわけだ。

宗教を信奉しない人たちは、来世がどうなるかくよくよしたりはせず、いまこの時をよりよく生きようとする。そういう人たちにとって、怒りは、いまをよりよくし、障害を取り除いて幸福を現出させるための強力なエネルギーに見えるのだろう。

わたしは、女性たちの勇気と目的意識に、おおいに共感するものだ。けれども、彼女たちがそのような決意にいたった状況というものは、実際のところ、どれだけ現実なのだろうか。それに、彼女たちは怒りのエネルギーをほんとうに最大限活かしきれているのだろうか。

彼女たちもまた、あるひとつの点では、宗教を信奉している現代人と共通している。それは、怒りが自然の避けられない力であり、もともと人間に「組み込まれている」と考えているところだ。だから両者とも、怒りを克服するというゴールは目指さない。

もちろん、状況によってある程度抑制しようとはする。誰しも、さまざまな場面で怒りを制御せざるを得ないのだから。しかし、怒りを超越しようとする試みは、最初から失敗が宿命づけられていると彼らは考える。そのために彼らは、調停をしたり、戦うための武器を捨てたり、非暴力の生活をしたり、という考えをよしとしなくなる。それは理想主義で、非現実的だとみなすからだ。

同じように考えているのが、いまもまだごく少数生き残っているマルクス主義や毛沢東主義の革命家たちで、怒りと手段としての正当な暴力を称揚している。

◆

さて、西洋の宗教界には、ユダヤ教の律法（旧約聖書）とキリスト教の福音（新約聖書）という形で、倫理綱領がいまもたしかに存在する。怒りは、そうした倫理綱領に背く行動を誘発するものだ。殺しや誹謗中傷、いじめなど。そこで西洋の信者たちには、自分たちの怒りが招く結果をもっともっと怒れるハイパワーによって救ってもらえると信じつつも、怒りを抑制したり中和したり、はたまた怒りによって罪深い行動に出ないようにしようとするだけの動機もあるし、そうしたことをすすめる教訓もあるわけだ。

旧約聖書の詩篇四章四節には、「怒れ、しかし罪を犯すことなかれ！」と書かれているし、新約聖書のマタイによる福音書では、五章二二節に「しかし、わたしは言っておく。

兄弟に腹を立てる者は誰でも裁きを受ける」と記されているように。

無宗教の人々は、死によって肉体は消滅すると信じているので、来世の地獄を恐れない。だから権威に挑戦するのにも躊躇《ちゅうちょ》がなく、不正を果敢に正そうとするし、人道活動家になりやすい。

彼らが他者の生活や財産、身体などを尊重しようとするのは、人権意識に基づく行動規範を持っているからであって、彼らも、怒りに影響を受けていると、そうした行動規範が損なわれてしまうのを承知している。

だが宗教を信奉する側もそうでない側も、現代西洋社会で怒りと闘う戦士たちが、この恐るべき敵に打ち勝つ見込みは少ない。宗教派は、真っ向から怒りと対決しようとはしない。なんとなれば神が怒りの手本を示している、そもそものはじまりから示してきた、と信じているからだし、生まれ持った気質を変えられると思うのは高慢の罪に当たると考えるからだ。それに、正当な理由さえあれば、怒りが善行になる場合もあると考えている。

人道家の場合も、やはり、必ずしも真剣に怒りを打ち負かそうとはしない。そもそも、彼らは怒りを正しいものであり、自分を守るために自然から与えられたエネルギーであって、生存を高めるための神経生理学的反応であると考えている。また、死ねば存在は微塵も残らず消滅するのだから、倫理にもとる行動についても、未来永劫のダメージを与えることなどありえないと考える。

つまり、両者ともに、怒りをきわめて決定的な罪であるとはみなさないのであって、だからこれをどうしても完全に制御したい気持ちには、なかなかなれないわけだ。

この両者に属する人たちが、近現代の西洋社会と西洋の文化に影響を受けている社会で大多数を占めているのは、偶然でもなんでもない。われわれのこの文化は、いまだかつてなく怒れる文化であり、この地球上に現れたあらゆる社会のうちでも、もっとも暴力的で軍国主義的な文化なのだ。

アテナイの市民社会にあこがれながらも、わたしたちはスパルタのなかのスパルタ、ローマ人顔負けのローマ人、帝国主義者のなかの帝国主義者だ。とりわけわたしたちアメリカ人は、いまもって否認しているけれども、ネイティブ・アメリカンを大量に殺戮《さつりく》したアメリカ人の子孫であり、奴隷制によって大勢のアフリカ系アメリカ人を虐殺した者の末裔であり、ペンタゴンの子どもであり、核兵器を使い、途方もない破壊力の生物兵器や化学兵器を途方もない量でつくり出している――アメリカ社会は、かつてこの母なる惑星に誕生した文化のなかで最大の軍国主義文化なのだ。その上われわれは、世界中にわれわれの雛型をまき散らす。傀儡《かいらい》の独裁政権が支配するミニ軍国主義国家は、われわれのお下がりの兵器で武装したわれわれのイメージどおりの軍隊によって維持されるけれども、その軍隊が輝かしいお手本たるアメリカなみの武力を備えることは、けっして許されない。

アメリカの帝国主義的側面は、近年わたしたちの民主主義が骨抜きになり、いっそう際立ってきているが、そこにあまり深入りするつもりはない。

ここで言いたいのは、怒りはわれわれの文化を構成する人々に昔から教え込まれてきた教訓の一部だということだ。怒りの容貌も、怒りがあちこちに根を下ろすのも、順序だって育っていき、社会に蔓延する暴力や、国外へも触手を伸ばす軍国的な暴力につながっていくのも、すべてわたしたちにたたき込まれてきたことなのだ。

われわれの世代は幼い頃テレビアニメのロードランナーやトムとジェリーといったキャラクターを観て育ち、神経系統に否応なく暴力を刷り込まれた。学校に入ればリパブリック賛歌を教わり、戦争を称揚する国歌を歌わされる。『イーリアス』を読んで英雄崇拝を奨励され、ダビデとイスラエルがあらゆる敵を打ち負かす戦いを賛美し、歴代イングランド王やシーザーの蛮行を謳いあげるシェイクスピアに感動する。自分の叔父を亡き者にしようとするハムレットに声援を送り、最近では映画の『ランボー』や『ターミネーター』、『スター・ウォーズ』や『エイリアン』、ブルース・リーものに『キル・ビル』などなどを愛好するのだ。学校ではまた体育や競技会があって、フットボールやサッカー、バスケットボール、ホッケー、ラクロス、レスリング、陸上競技といった疑似戦争ごっこでチームワークなどの戦闘技術を養われ、怒りのエネルギーを、敵方、やり投げのやりや円盤投げの円盤に集中するすべを学ぶのだ。

わたしたちがこのようにして、育てられ、条件づけられて——洗脳されたとまでは言わないが——きたことを考えると、わたしたちはまず、自分たちのなかに、怒りがマイナスであり、よくない結果を招くと考えることへの強い抵抗感があることを意識しなければならない。そしてどれほど抵抗感があろうとも、もしもこんな軍国主義的文化、怒りと暴力と戦争の文化から、個人としても社会としても解放されようとするのなら、怒りのマイナスの影響力というものについて、丹念に考えてみる必要があるだろう。

◆

欧米の軍国主義文化を批判しようとすると、しばしば返ってくる反論がある。「文化はどれも同じだ」というものだ。

「中国であれ、インドであれ、イランであれ、東南アジアであれ、韓国、モンゴル、日本であれ、あらゆる文化はどれも同じように暴力に傾きがちで、戦争や残虐行為、虐殺に血塗られた長い歴史を持っている。なぜ欧米のわれわれだけが、近現代になって首尾よく世界を制覇し、現在も覇権を握っているというだけの理由で罪悪感を抱かなければならないのか」

こうした反論にも、たしかに一理ある。東洋に目を向けた当初から、わたしたちは一連の戦争叙事詩と出合ってきた。インドの『マハーバーラタ』（紀元前四世紀頃の成立）は『イーリアス』の三五倍もの長さで、ビーマやドローナ、アルジュナをはじめ、アキレスばりの向こう見ずな兵《つわもの》がわんさと登場する。吐き気を催すような虐殺場面や背信行為、女性への暴行がある一方、深遠な教訓もあり、胸の躍る物語が綴られていく。

また、カウティリヤの『アルタ・シャーストラ』（紀元前三世紀頃）などはマキャベリ顔負けの権謀術数だし、シニシズムもあれば、戦争の歴史、戦闘の歴史、王位簒奪や陰謀、暗殺などあらゆるものがそろっている。

インドの『ヴェーダ』（紀元前一五〇〇年頃）には感動的な部族の戦闘歌が述べられ、猛々しい主神インドラ――雷を操る破壊神グラマガタカ――を呼び覚まし、戦闘での勝利を唱えている。

ヒンドゥーの根本聖典『バガヴァッド・ギーター』（紀元三世紀頃）では、クリシュナに化身した神ヴィシュヌが迷える王子アルジュナに、戦って敵を殺すことは王にして戦士である身に神から課せられた義務であり、敵の死に責任があるのは、神自身であるから恐れることはないと諭す場面がある。

中国には『詩経』や『史書』（紀元前六世紀頃）があり、さまざまな戦や英雄を数えあげ、ほめたたえている。わたしたちが目を凝らして探しさえすれば、アジアのどの国にも同じような暴力の系譜が見つかるだろう。

このように、「東洋」社会にもやはり自分本位な自己像が根づいていることがわかる。それは自分自身という実体があるという幻想に根ざしており、その幻想は他者の実体を呑み込みたいという欲望と、他者が自分の実体を呑み込もうとするのではないかという恐れとなって現れる。

神についていえば、古代部族宗教にはあらぶる神々が数多く存在する。有名なのはヴェーダのインドラで、ヴェーダの人々の敵に対してすさまじい怒りを爆発させるところは、ヤハウェやゼウス、オーディンとそっくりだ。

またヴィシュヌやシヴァのように、絶対神はさまざまな姿をとって顕現する。たとえばシヴァには多くの異名があり、ぞっとするほどの怒りで世界を食い滅ぼす破壊者マハーカーラー、脅かす者バイラヴァとしても知られる。どちらも究極の破壊と、強力な怒りを体現しているのだ。さらには母なる女神の化身であるドゥルガーやカーリーがいるが、こちらもまた恐ろしく凶暴で、人であれ神であれ悪魔であれ、およそ普通の神経の持ち主には悪夢のような存在だ。

その上、東洋には西洋のわたしたちが驚くような要素がもうひとつある。それは無宗教や物質主義の系統に属することだ。

インド哲学で世俗主義の学派は、チャールヴァーカあるいはローカーヤタと呼ばれた。この人々は精神も魂もなく、ただ物質があるのみと信じていた。前世も来世もなく、個人の意識は混沌とした物質粒子の集合体からでたらめに出現する現象にすぎないという。この学派の人たちが(来世を信じる)宗教派を批判して言う言葉がふるっている。

「もし炎に犠牲を捧げて神への供物にするのならば、なぜ一時にほんのわずかな量しか捧げないのか。いっそのこと収穫物をすべて炎に投げ込み、ついでに自分も飛び込んで、供物もろとも天国に行けばいいではないか」

生の連続によって心と体を完成させ、その結果得られる「悟り」は、どうやらこの人たちにとっては目指すに値する目標ではなさそうだ。彼らは一切の因果応報を否定しているからだ。罪という概念も、負の方向へ導かれるような行動も、存在しない。ただ現世において何を享受するか、何をうまく避けうるかであって、そこで何かマイナスの結果が生じるということもない。

「食べ、飲み、楽しめ。明日には死んでなくなっているかもしれないのだから！」

学者のほかにローカーヤタを実践したのは世慣れた都会人で、裕福で余暇も十分にあった。そんな彼らのふるまいは、『カーマ・スートラ』に読むことができる。社交や芸術、そして性愛の快楽を洗練のきわみで追求した文学だ。

また『アルタ・シャーストラ』という文献もある。こちらは、国家の富と権力をいかにして最大にするかを追究した、実政策の実用書だ。古代インドの世俗主義者たちは、なんとも「現代西洋人」風ではないか。

中国やその他のアジア諸国にも、ここまで述べてきたような、さまざまな宇宙観や感情論がそれぞれにある。しかしインドは、古代アジア文化のなかでもとりわけ強烈で可能性をはらんだ地域だった。おそらくは亜大陸であったインドが、富の面でも面積の面でも、他に比して大きかったためだろう。

しかし、仏教やジャイナ教、ヨーガ、ヒンドゥー教、そして道教が文化に脈打つ東洋では、西洋とは異質の、ある潮流が中央に流れ出してきた。ここから発展した「インナー・サイエンス」は効果的な深層心理学で、怒りの奴隷となることを理解し、これを断罪した。それは転生の生物論につながっていく。習慣性のある麻薬のような、妄念や怒り、欲望の毒を、いまこの大切な人間としての生のあいだに克服するすべを教え、そうすることで自分自身が解放されるだけでなく、まわりの人々にも成果を伝え、個人をも社会をも暴力から遠ざけていくことができるのだ。

◆

こうした潮流が、西洋にまったくなかったわけではない。民族や国家の単位で固まろうとしがちな西洋社会でも、ギリシャ、エジプト、ユダヤ、ローマ、また北方の国々でも、平和的な万人救済を唱える密教的キリスト教のなかに、あるいは暴力や迫害を批判した山上の垂訓をもとにした修道士的な禁欲のなかに、また十字架それ自体を、一方ではシーザーへの敢然とした批判であり、一方では部族の「父なる神」そのものであるとみなす考え方のなかに、ほそぼそと流れてはいた。

ただ東洋においては、それなりに民族や国家としての塊はあるものの、ブッダ主義、あるいは「悟り」主義という形で、この流れがずっと太くなっている。

平和的な万人救済は裾野の広い運動で、キリスト教の修道院が誕生するより、実に七世紀も前からインド各地にあった修道院的な禁欲生活の場で行われてきたものが基礎となった。インドの社会は異質の文化を受容するのに懐が深く、この悟りの運動も社会の表舞台のすぐ近くで花開いていき、やがてアジア各地に広がった。

悟りの運動は「インナー・サイエンス」心理学を基礎に、体系的に教育と修養を伝授するもので、個人に対しては、怒りや欲望、妄想から真の意味で解放されることを、また社会に対しては平和に満ちた関係を約束していた。

言いかえれば、西洋の軍国至上主義に目を曇らされた歴史家には信じがたいかもしれないが、東洋には実際に、一度は欧米諸国と同じくらい暴力に満ちていた社会が非暴力へと進み、相対的に高いレベルで平和を築きあげた記録があるということだ。

もちろん、帝国主義に浸った前世紀までの歴史家たちもこれに気づいてはいたが、彼らはそれを「衰退」であると切り捨てた。そのおかげで自分たちが東洋を征服できたのだ、と。それこそ、下等で弱気で戦いを恐れ、「未成熟で」「女々しい」東洋人にくらべ、自分たち西洋人が優れている証拠である、と。

しかし、悟りの境地から文化や文明を見た場合、寛大なる被害者こそが、暴力的ないじめっ子征服者よりも優れた存在に数えられるのだ。

この論考は、これまで要約してきたような筋道をぐるりとたどり、最後には問題の核心にもう一度立ち返ってくる。

――もっとも現実的に考えた場合、「怒り」とは何だろうか。

怒りはどのようにわたしたちをとらえ、わたしたちの生活を破壊するのか。

怒りを屈服させることはできるのか。できるとして、どのようにすればいいのか。

怒りを屈服させたあと、そのエネルギーを有効に使って、物事をもっと前に進めていくことはできるのだろうか。

第3章　事あるごとに怒る神

「anger」は英語の言葉であって、わたしたちがヘブライ語やギリシャ語の聖書、ギリシャ語で書かれたアリストテレス、あるいはまたサンスクリットやチベットの文献を読むときには、原典からの翻訳を読んでいることを心しておかなければならない。

オックスフォード英語辞典（OED）によると、「anger」は古ノルド語の「angr」からきているらしい。「angr」は「困難」や「苦悩」、はては「苦痛」までを意味する言葉であるという。

このような語源からすると、「怒り」を「苦痛」であるといって差し支えないだろう。怒りは苦痛を感じるところからやってくるし、また苦痛をもたらしもする。

ウェブスター英語辞典には、これと関連して手頃な解説が載っている。現在でも使われている三番目の定義のあとだ。

強烈な不快の感情、ないし情動。また通常は傷つけられた、あるいは侮辱を受けたという感覚によって呼び覚まされる敵意、反感。同義語：anger, ire, rage, fury, indignation, wrath はいずれも、痛烈な不快感に誘発される興奮をともなう感情を意味する。anger は、同義語のなかでもっとも包括的な語であり、文脈を離れた場合にはその感情の強さも、それが外へ向かって表現されていることも示唆しない。ire は雅語として見過ごされがちだが、感情の度合いは強い。rage は自制を失う意味を含み、一時的な精神錯乱の含意がある。fury は rage よりもなおいっそう狂気に近づく圧倒的な感情を意味する。indignation が指し示すのは、卑劣で不面目であると感じられるような行動などによってかき立てられる、深く、強く、おうおうにして正当な怒りである。wrath は感情面での含意は rage や indignation に通じるが、しばしば、仇を討ちたい、罰したい、復讐したいという願望や意図を含む。

長々と引用したのは、言葉の権威も「怒り」についてかなり意見が分かれていることを知ってもらいたかったからであり、また、そうした意見の相違が、たいていは中身より語義についてであることをご覧いただきたかったからだ。

この破壊的な感情の矢を意味する言葉のうちでも、もっとも意味合いの広い「anger」は、サンスクリット語の「dvesha」や、アリストテレスや新約聖書でも用いられているギリシャ語の「orge」にあてるにふさわしい。

ところで、ウェブスターでもＯＥＤでも、「hate（憎悪、嫌悪）」を「強烈に嫌う」として、detest, abhor, abominate, loathe（いずれも「忌み嫌う」「毛嫌いする」の意）といった動詞の仲間に入れ、「怒り」の同義語に含んでいないのは興味深いところだ。つまり「hate」はどちらかといえば概念的なもの、あるいは精神的な態度として、「anger」は感情的な状態としてとらえられているようだ。

仏教の心理学では、dvesha は「憎しみ」と「怒り」と両方の意味に使われ、実際に klesha（「根本悪徳」または「感情的煩悩」）としての dvesha は、むしろ「憎怒」とでも訳したほうがいいのかもしれない。現にチベットでは、「zhe dvang」という語をあてるが、zhe は強烈な嫌悪を、dvang は激しい攻撃性を表している。

英語において、憎悪と怒りがこれほどはっきり区別されているという事実からは、憎悪にも怒りにもふたつの種類のあることが容易に見てとれる。すなわち、いい憎悪／怒りと悪い憎悪／怒りだ。いい憎悪とは、ほんとうに悪いことや不快なものを嫌うことで、すこぶる健全な態度である。悪い憎悪は、別の心境や状況にあればいいはずのものや感じのよいはずのものを嫌うことだ。

いい怒りとは、善なるものの障害になる悪いものや不快なことを破壊しようとする攻撃的な精神の動きであり、悪い怒りとは、いいものを破壊しようとする攻撃的な精神の動きということになる。いまのところは何が善で何が悪かはひとまず置いておくとすれば、これはさほど複雑な話ではない。

アリストテレスはことさらに批判的になることなく、怒りをひとつの「感情」であると定義している。

……自分自身や友人にとって関心あることに向けられた、理由なき明白な侮蔑に対し、目に見える形で仕返しをしたいという衝動で、苦痛をともなって感じられる。これは常に特定の個人に向けられるものでなければならない。またこれは常に――仕返しを成し遂げるという期待感からくる――一定の喜びや満足をともなう。憤怒が「ゆっくりと滴り落ちる蜂蜜よりはるかに甘く、煙のごとく人の心を曇らせる」とは言いえて妙である。復讐の行為に思いをはせることからも喜びが感じられ、そこから想起される想念が、夢のなかで浮かびあがる画像のように、喜びを浮かびあがらせる。

（『レトリック』。引用は『イーリアス』より）

アレキサンダー大王の師でもあったこのギリシャの哲学者は、怒りをいかなる意味でも「罪」とは考えていない。むしろすこぶる正常な情緒的反応であり、精神の動きであるとみている。

アリストテレスは怒りがどのように役に立ちうるかについてのヒントを与えてくれるが、彼はそれを「恐怖心」との関連で述べている。アリストテレスの言う「恐怖心」とは、「将来起こりうる破壊的な、あるいは苦痛をともなう悪事を想起することからくる痛みや動揺であり……将来とは遠い未来ではなく、次の瞬間といってもいいほど近い将来である……恐怖心は、何かがわたしたちを破壊したり傷つけたりしておおいに苦しめるだけの大きな力を持っていると恐れることから生じる」ものだ。

アリストテレスいわく、怒りは恐怖心を払いのけ、脅威と感じるものに対処する自信を与えてくれるという。怒りがなければ、人は恐怖に立ちすくんでしまうかもしれないのだ。

仏教心理学では、恐怖と怒りはこれほど手際よく結びつけられてはいないようだ。むしろ意外なことに、さまざまな感情や感じ方を事細かに並べあげた「アビダルマ（明晰な科学）」の教えでも、「恐怖」は感情のひとつにあがっていないのである。

◆

ユダヤ教の聖典を読むと、怒れる登場人物のなかでいちばん目立っているのが、誰あろう神様だ。

天地を創造し、アダムとイヴをありとあらゆる動物とともにエデンの園に住まわせてやった当初はご機嫌だったのに、ヘビがイヴをそそのかし、アダムに禁断の果実を食べさせてしまうと急に怒り出す。

ヘビに呪いをかけて肢を奪った上、イヴには出産の苦しみを与えて男より劣った地位に貶め、アダムからは永遠の命を取り上げた。

さらに、重労働の果てでなければ食物が実らないよう大地にまで呪いをかけ、エデンの住人をみんな園から追い出した。

それからしばらくすると、今度は嫉妬のあまり弟を殺したといってカインに腹を立て、そのうちに、そもそも人間をつくったことまで後悔しはじめる。

「神の子」と呼ばれ、自分に似せてつくられた人間たちなのに、これを皆殺しにしてしまえと決意する。

ただ、ノアだけはあまりに人好きがするので殺してしまうにしのびなく、その家族や友人、そして動物たちは生き延びさせてやることにした。

その後、人間たちがバベルの塔を建設するのを見て神様はまたまた立腹し、塔を打ち壊し、人々がてんでんばらばらな言語をしゃべるようにして、世界中に追い散らす。

アブラハムに対しては神様はかなり長いあいだ親切だったが、ソドムとゴモラが逆鱗に触れると、このふたつの街もつぶしてしまう。

続くイサクとヤコブ、ヨセフらはみな品行方正だったが、ただし彼らも飢饉を逃れるためにエジプト行きを余儀なくされた。

その後数世代にわたって隷属に甘んじ、とうとうモーゼが出現して彼らを解放へと導いた。モーゼに対して、神様はやりたい放題だった。

まずエジプトのファラオに解放を願い出させておきながら、ファラオの気持ちを硬化させ、そのあと譲歩させたと思ったら、再び硬化させるのだ。

ついでエジプト人に襲いかかって最初に生まれた赤ん坊を殺し、海におびき寄せて軍隊を全滅させてしまう。

海を渡ると神様はユダヤ人を約束の地に導くが、その途中もひとりまたひとりと滅ぼしていく……と数えあげたらきりがない。

ひとことで言えば、神は事あるごとに人間に腹を立てているのだ。時にはイスラエルのために腹を立て、また時にはイスラエルに対して腹を立てる。まぎれもなく罰する神だ。

このような神の姿が、人間の究極の理想を体現しているものとしてあふれかえっている聖典を読んで教えられてきた人が、男であれ女であれ、怒りはこの上なくすばらしいエネルギーで、怒りを表すのはいいことだと考えたとしても無理もない。ただしそれは、人間が怒りによってほかの人たちの心のなかにかき立ててしまった憎悪や悪意にも打ち負けないほど強かったとしての話だが。

第4章　怒りへの抵抗――西洋の場合

イエス・キリストについて考えてみると、彼はある段階では霊感豊かで典型的なユダヤ教のラビであって、彼の説教や当時のローマやユダヤの支配階級に対抗する姿には、義憤としての怒りがきわめて強力に体現されていた。しかし、おそらく彼の教えの中核をなしていると思われるいわゆる「山上の垂訓」(これはマタイによって記録された。ところでイエスの教えのこれこれが中核であると確言することはできない。福音書はいずれも彼の死後何十年もしてから書かれたものだし、その後、教会組織が確立してから編集も加えられているからだ)では、また別の領域に入った。

山上の垂訓はその数世紀前からあった仏教の教えに非常によく似ているのだが、一方ユダヤの聖典では、救い主がやがて現れるという預言が成就するには、救い主の命と救世主としての犠牲が必要とされている。

では、マタイによる福音書で、キリストは何を自分の教えの核心として伝えようとしていたのだろうか。彼が説く人間の本質から、キリスト教における怒りについて、どんなことがわかるだろうか。

この一連の説教でイエス・キリストが狙ったのは、力と成功に関しての一般的な常識を反転させることだった。

富める者ではなく貧しい者を、交友関係に恵まれている者より悲しむ者を、尊大な者より柔和な者を、冷淡な者より憐れみ深い者を、征服する者より平和を実現する者を、支配する者ではなく迫害される者を、幸いであるとした。心の清い人たちは、天の国に達してそこで喜びを得るのだと彼は主張した。

また、彼は昔ながらの律法を廃止するためではなく、完成させるために来たのだと宣言したが、彼はさらにその先を行った。おそらくこの論考にもっとも重要なのは、次の節だろう。

あなたがたも聞いているとおり、昔の人は「殺すな。人を殺した者は裁きを受ける」と命じられている（これはもちろんモーゼの戒めのひとつだ）。／しかし、わたしは言っておく。兄弟に腹を立てる者はだれでも裁きを受ける。兄弟に「ばか」と言う者は、最高法院に引き渡され、「愚か者」と言う者は、火の地獄に投げ込まれる。

（マタイによる福音書、五章二一節〜二二節）

ここでキリストは、怒りを克服するという難しいことを説いている。古い戒め、「怒れ、しかし罪を犯すな」では満足していない。それでは十分ではないのだ。

彼は、人間ならもっと踏み込むことができると考えた。「怒れ、しかし……」では、単に表に現れる行動を抑制しているにすぎない。

キリストは弟子たちに、怒りからの解放を伝えたかった。彼は、心のうちで思うだけでも断罪に値すると警告している。そして怒りにとらわれて発した言葉は、地獄を生み出すという。

彼は同じ調子で、肉体や言葉、考えなどに関するさまざまな戒めを説いていき、罪や悪徳は実際の行為としてしないだけでなく、心のなかでも抑えなければならないことをくり返した。

続けてもうひとつ、怒りに深い関係のある教えが出てくる。彼はここで、怒りはまず寛容へ、さらには思いやりと愛へと姿を変えなければならないと言っている。


あなたがたも聞いているとおり、「目には目を、歯には歯を」と命じられている。しかし、わたしは言っておく。悪人に手向かってはならない。だれかがあなたの右の頬を打つなら、左の頬をも向けなさい。

あなたを訴えて下着を取ろうとする者には、上着をも取らせなさい。だれかが、一ミリオン行くように強いるなら、一緒に二ミリオン行きなさい。求める者には与えなさい。あなたから借りようとする者に、背を向けてはならない。

あなたがたも聞いているとおり、「隣人を愛し、敵を憎め」と命じられている。しかし、わたしは言っておく。敵を愛し、自分を迫害する者のために祈りなさい。あなたがたの天の父の子となるためである。父は悪人にも善人にも太陽を昇らせ、正しい者にも正しくない者にも雨を降らせてくださるからである。自分を愛してくれる人を愛したところで、あなたがたにどんな報いがあろうか。徴税人でも、同じことをしているではないか。自分の兄弟にだけ挨拶したところで、どんな優れたことをしたことになろうか。異邦人でさえ、同じことをしているではないか。

だから、あなたがたの天の父が完全であられるように、あなたがたも完全な者となりなさい。

（マタイによる福音書、五章三八節〜四八節）

この部分の文章は、仏教徒から見たら驚きだ。あとで詳しく見ていくが、ここで言われていることはまさに、仏教で二五〇〇年も前から教えられてきている内容なのだ。

まず目につくのは、心中に怒りを持つだけである意味では内心で殺人を犯している、自分を怒らせた人間を幻想のなかで殺しているという含意だろう。つまり、実際に殺そうが殺すまいが、「裁きを受ける」というのだ。

あなたが現実に殺人行為を犯して捕まり、罰せられなかったとしても、あるいはあなたを裁き、罰する全知全能の神がいてもいなくても、あなたは心のなかで負の業を、「カルマ」を犯したのであって、その行為によってあなたの肉体や魂の連続体に刻まれた痕は、負の方向へとあなたを転生させていき、将来の自分は好ましからざる方向へと連れていかれてしまうことになる。

あなたの「殺す筋肉」は鍛えられ、次世代のあなたはますます殺しについて考えたり、実際に殺しに手を染めたりするようになり、ますます多くの人があなたを仇と思って憎むようになるし、周囲の人をたやすく怒らせるようにもなる。そうなると、あなた自身が仕返しに殺されやすくなり、この負の連続体はいつ終わるともなく、生まれ変わっても生まれ変わっても、ほかの生命体と命のやりとりをする生が続いて、ついにはゲヘナに、「炎の地獄」にたどり着くことになる。

もし、人を殺すか、あるいは立腹のあまり殺したいと考えただけで、自分の来世が決定的に損なわれると気づいたら、この世での価値観をひっくり返してみることだ。

寛容や柔和、憐れみといった要素は、好ましい転生を重ねるのに最高の品性で、支配し支配される悪に染まった生まれ変わりのサイクルを断ち切り、無垢で受容しあうサイクルを生み出してくれる。そうなれば「目には目を」の痛み分けの法則から抜け出し、自分が受けた傷に見合うだけ怒りをかき立てるのをやめ、痛みに耐え、それどころか痛みを歓迎し、穏やかさとやさしさのカルマの痕をますますしっかりと刻みつけていくことができるだろう。そうすれば「神の王国」に住まう日も近い。ここには完全無欠な強さがあり、静謐があり、ここではあなたは何ものにも傷つけられはしない。それはあなたが生と死を超え、痛みも喜びも超越した至福の状態にあるからで、友人だけでなく、友人を愛するように敵をも愛することのできる場所だ。友も敵も分け隔てなく幸福であってほしいと望むことができる。

互いに身を投げ出しあうことで転がっていく徳のサイクルの終着点は、炎の地獄でないのはもちろんのこと、かりそめの快楽が得られる一時的な天国でもない。自己と他者といった二元論からすべて解放された、究極の至福の地なのだ。

イエス・キリストは、怒りやそのほかの大罪や悪意に満ちた情念を打ち負かそうとする闘いが希望のないものだという考えを受け入れない。

後世の教義解説では、人は生来罪びとであり、生涯さんざん罪を犯しても、イエスを信じて願いさえすれば、主が救い出してくれるとするものもあったが、キリストはその立場をとらない。それどころかキリストは、天の父が完全であるように、あなたがたも完全な者となれと言っているのだ。そしてただ信じるだけではなく、行動にも表さなければならないという。

そのことを再び強調した節を読むと、主の庇護のもとに、殺したり盗んだり、嘘をついたり乱暴したり、宝を貯め込んだり憎悪したりと、思うさま罪を犯したあげくに、主の名を唱えるだけで許されると思い込んでいる似非《えせ》キリスト者ならば震えあがるだろう。


わたしに向かって、「主よ、主よ」と言う者が皆、天の国に入るわけではない。わたしの天の父の御心を行う者だけが入るのである。かの日には、大勢の者がわたしに、「主よ、主よ、わたしたちは御名によって預言し、御名によって悪霊を追い出し、御名によって奇跡をいろいろ行ったではありませんか」と言うであろう。そのとき、わたしはきっぱりとこう言おう。「あなたたちのことは全然知らない。不法を働く者ども、わたしから離れ去れ」

（マタイによる福音書、七章二一節〜二三節）

キリストは、信仰だけでは、ただ宗派に属したり、名ばかり仲間になったり、信仰告白に参加したりするだけで、心と言葉と肉体でよい行いをしようとしないならば、天の王国に入り、怒りの炎や欲望の洪水や愚かしさの牢獄から解放されるには不十分だと唱える。こうなると、主の名のもとに殺したり殺させたりする十字軍も、人々を搾取して私腹を肥やしておきながら、教会に寄付して贖罪を得ようとする独善的な資本家も、色欲や悪意、馬鹿騒ぎにとらわれて節制もせず抜け出そうともしないでいて、そのせいで困ったはめになると神頼みで救われようとする輩も、神の国からは排除される。

そう、キリストは神のように「完全になれ」と言う。怒りをはじめ、さまざまな悪徳に打ち勝つ教えにしたがって行動する人は、岩の上に自分の家を建てた賢い人であり、行動しない人は、砂の上に家を建てた愚かな人なのだ。

◆

イエス・キリストと同時代の偉大なストア派の哲学者セネカ（紀元前三?—六五）は、怒りに関してすばらしい文章をしたため、怒りは「もっとも忌まわしく、もっとも狂乱した感情」だと述べている。

「怒りを『束の間の狂気』と呼ぶ賢人もいるが、なるほど怒りは制御がきかない。良識を忘れ、人との関係には無頓着になり、いったんはじまると頑迷で、道理や助言には耳を貸さず、根拠なく興奮し、公正や真実を見抜けなくなる。まことに、自分がつぶした相手の上でこなごなにつぶれた廃墟のようだ」。セネカのペンは次第に雄弁になっていく。

人類にとってのこれほどの災厄はない。虐殺や毒殺、法廷でのあさましい告発の応酬、都市の荒廃、国全体の崩壊、高貴な身分の人の売買、建物に火がつき、城壁の外まで燃え広がる火事、敵の放った火に舐めつくされる広大な領土……かつてはあれほど名高かったのに、いまやその土台まで見る影もなく灰燼《かいじん》に帰した都市——打ち倒したのは怒りである。荒れ野には、行けども行けども住み着く人の影はない――怒りが人を蹴散らしたのだ。非運の指導者たちを見るがいい。ある者は怒りのゆえに寝所で刺し殺され、ある者は粛々たる宴席で打ち倒された。またある者は、法廷につめかけた群衆の面前で八つ裂きにされた。また怒りのゆえに、ある者は息子の手にかかり、ある者は高貴なるその喉を奴隷にかき切られ、ある者は十字架に磔になった。個々の人々が、ひとりまたひとりと命を絶たれるばかりではない。集められた群衆が軍隊にかかって大量に、無差別に殺されるさまを見るがいい。

（セネカ『倫理論集』より）

セネカは、怒りにはひとつとしていいところがないことを明らかにしようとしている。大罪を恐れる敬虔なキリスト教徒としてではなく、また、解脱を求める仏教徒としてでもなく、あくまでもストア学派として。怒りを定義するのに、セネカはアリストテレスに賛同して、次のように引用している。

「与えられた苦痛に仕返しししたいという焼けつくような欲望」

彼は怒りを単なる凶暴さや攻撃性、興奮や逆上といった、人間以外の動物にも見られる衝動とは区別している。つまり彼は、怒りを感情であるとしながらも、人間としての何らかの「理由づけ」が加わっているものであって、動物にはないものだというのである。

この点は、先に引用した、怒りは制御がきかず道理に耳を貸さないという部分とは矛盾するのだが、何にしても、怒りを単なる衝動や攻撃性とは区別しようとする姿勢は、仏教における定義と近い。仏教では怒りは単に生々しい感情のエネルギーではなく、何かに集中して、ある感情に耽ることなのだ。

セネカは、怒りが「生来備わっている」という考えを退ける。人間の本性は社会性であり、協力したり認容したり思いやりを示したりするようにつくられているのに、怒りはそうした本性を手荒くねじまげるからだ。

彼はまた、他人を傷つけた者は、怒りをもって罰せられるべきであるという考え――つまり怒りの正当な使い途――も退ける。というのも、罰は怒りにとらわれずに、適切に下したほうがよほど効果的だからだ。

セネカはまた、脅威に立ち向かわなければならないときに、怒りのおかげで恐怖が消え、防御したり先制攻撃したりするための自信やエネルギーになるし、学者が物事を明断に見る力にもなるから、怒りは有用であるというアリストテレスの説を紹介し、そうした考えも退けている。彼の論拠は、怒りが理性の道具になって効果的に使われることなどありえない、怒りの本質は理性を凌駕し、節度を持とうとするあらゆる努力を無視するものだからだ、というものだ。

セネカは怒りを射的にたとえている。矢は一度弓から放たれてしまうと、もう狙い直すことはできず、ただその軌道を飛んでいくだけだ。怒りのさなかにもし人が怒りを抑制できるとすれば、それはもう怒りがおさまって理性がよみがえりつつある場合しかありえないとセネカは言う。

ただしセネカも、義憤を感じるのが妥当であると考えられる場面をいくつかあげている。戦地にいるとき、愛する者を殺されたとき、祖国が攻撃されたとき、ひどいことをしている者を見たときなどだ。

ここでもセネカは仏教徒顔負けで、こうした場面であっても、告発したり防御したり阻止したり罰したりするのに怒りにとらわれないほうがずっといいと述べている。怒りが介入すると、物事を正しく進めるのが困難になってしまうからだ。必要なのは勇気や正義、忍耐や知恵であって、そうした徳を駆使するのに、怒りのような悪辣な感情の力は不要だということだ。正当なる戦争や気高い戦いには怒りが有効な武器になるというアリストテレスを（気の毒にも）わざわざ引き合いに出した上で、セネカはその有効性を否定する。この武器は壊れやすく、また諸刃の剣で、切っ先の一方は使い手の側を向いているというのだ。

まるで格闘家のように、怒りのエネルギーは安定しないし、信頼もおけないと彼は言う。最初は勢いがいいが、すぐに萎えて戦いを続けられなくなってしまう。あたかも毒ヘビが最初のひと噛みで毒を全部吐き出し、あとは無害になってしまうようなものだと。

一方、怒りをすばらしいものと考えて、「精神の偉大なる作用」と呼ぶ者もいるが、怒りには偉大さなどどこにもなく、単に精神が「病的に拡張」されたような気分になるだけだとセネカは言う。そして何より、この本の最後に書かれた一節がわたしは好きだ。ここでセネカは、怒りだけでなくほかのいわゆる大罪にも言及している。

だから怒りは、怒りとともに示される神々や人への侮蔑がどれほど派手に見えようとも、決して偉大でも高貴でもないのである。

もし怒りが偉大なる精神作用を表すというなら、道楽に耽るのも、偉大な精神作用の表れだというのと同じことだ。象牙を身につけ、紫衣で着飾り、黄金の屋根を葺き、土地をそっくり移し、海原を全部囲い込み、川を滝に、森をみずからの庭に変えたいという野望が偉大と言うのに等しい。

貪欲もまた、はき違えれば偉大なる精神と見受けられることであろう。山をなす金銀を見張り、属州ほどもある領地を耕そうとするのだから。あるいはまた色欲もしかり。そのためには海峡までも泳ぎ切り、若者たちを根こそぎ骨抜きにして、屈辱に抜かれた夫の刃さえ恐れない。

一年限りの栄誉には充足できない野心もまた、かなうならば執政官の名簿をおのれひとりの名で埋めつくし、みずからの記憶を世界中に知らしめたいと願う。

しかしこうした心の動きはいかに長く、広くいきわたろうとも、その実狭く、みじめで卑しいのである。気高く高雅なるのは徳のみである。穏やかでなくして偉大なるものはありえない。

セネカも、怒りがどのようにして生じてくるのか、興味深い分析をしている。

問題は、怒りが意志によってはじまるのか、衝動によってはじまるのか、つまり怒りの作用はわれわれの預かり知らぬところでひとりでに動き出すものか、あるいは多くの精神作用と同様、われわれが十分に承知している上で発するのかということだ。

われわれの見方によれば、怒りがそれ独自ではじまるということはなく、精神の承認があってはじめて発動するものである。まず何かよからぬことをされたという印象を受け取り、仕返しをしたいと欲し、自分が損害をこうむらずなおかつ罰を加えるというふたつの命題を突き合わせるという作用は、とうてい無意識な衝動の産物とは思われない。ここにあるのはさまざまな要素の複合体である――認識すること、憤慨すること、断罪すること、復讐すること。こうした複雑な動きは、そのきっかけを与えたものに対して精神が力添えをすることなしには起こりえない。

決定的な罪、大罪としての怒りを、また根本悪や感情的煩悩としての怒りを分析するにあたって、単に無意識の衝動や感情の問題として見るのではなく、感情と概念との融合と見る態度は重要だ。つまり、苦痛に満ちた経験を通して生じた感情と苦痛を与えた原因とを認識する知的作用、またその原因に対して攻撃したいという衝動とそれに続く決断という知的作用が融合して生まれるのが怒りであるという態度だ。

これは、アリストテレスも書いているように、恐怖心と近しい関係にある。苦痛を予測して恐怖心が生まれると、苦痛を耐えしのんだり、それを避けるための手段を講じようとする意志が弱められ、行動につながる決断力をゆがめる。恐怖にとらわれた人は理性では成し遂げられないことをするために、がむしゃらに爆発するしかないように見える。

アリストテレス時代の軍人たちが、戦争を戦うためには怒りが必要で、だから怒りにもいい面があると考えたのはおそらくこのためだろう。もし理性的に行動しようとすれば、兵士たちは恐ろしくて戦場に行く気になどなれない。だから兵士たちは怒りによって爆発して合理的な判断を吹き飛ばし、理性では恐怖を感じていても、無理やり攻撃するしかないのだ。

しかしセネカをはじめ、古代の思想家たちは、わたしたちを恐怖から止揚してくれる力の源は勇気であるという。とすれば、勇気は理性的なエネルギーであり、炎であり、熱であり、自分や愛する人、祖国、信条を守りたいという善なる志から生まれてくる力であるということになる。

セネカは怒りをおさめる方法についても考察しているが、考察しながらも何度も脇へそれて、怒りがいかに恐ろしいかという話題に戻りがちになっている。どうやらセネカは、怒りにもよい側面があるという見方を否定したいのと同時に、怒りを排除する最初の重要なステップは、怒りが悪いものであるとはっきり心に決めることであると考えていたようだ。

怒りに与せず、しかしそのエネルギーを役立てたいがためにいま怒りを考察しようとしているわたしたちにとって、セネカがマタイの伝えるイエス・キリストに賛同している（といってもセネカがキリストの言葉を読めたわけではない。マタイによる福音書は、セネカの死後五年経って書かれはじめたものだ）のは注目に値する。人は完全になることができる（ストア派の信じるところによれば、人間の理性はゼウスの純粋理性を分かち合っているのだ）から、規律と理解によって怒りを克服することもできるという点だ。

少し時代を下ってみると、一世紀の後半に現れたプルタルコスがセネカの主張を認め、同調している。もっともプルタルコスは、セネカやキリストにくらべればやや凡庸かもしれないが。プルタルコスは怒りを定義するのに、間接的にゼノンに触れながらこう言っている。

（怒りは）感情の種の複合体のようなものである。そこには、苦痛や喜び、驕《おご》りなどから生じた要素が含まれる。思わずほくそ笑みたくなるような悪意からくる喜び、また相手をとらえて離さない手法も、悪意から学んだものだ。ある意味で、怒りの目的は自分の苦痛を避けることではなく、他者を破滅させるために必要とあれば自分が傷つくことも辞さない。また怒りの要素のひとつは、欲望のうちでももっとも認めがたい欲望、つまり他人を傷つけたいという願いである。

（プルタルコス『倫理論集』より）

西洋の文学を渉猟していくと、キリスト教文学のみならず文学全般に、怒りのテーマはくり返し現れている。アリストテレスに並んで「正当なる怒り」を認める向きもあれば、そうでない考えも見られる。聖アウグスティヌスは後者だ。

正しく合理的な怒りがあるという考えが入りこむことを認めるよりも、拒んでおくほうがよい。その入口をどれほど狭くしたとしても。一度認めてしまうと追い出すのは困難なばかりだ。入ってくるときには細い小枝のふりをしているかもしれないが、入り込むなりたちまち膨らんで大梁になる。

（S・シンメル、聖アウグスティヌスを引用しているフランソア・ド・サールの引用）

チョーサーは「七つの大罪」すべてを手際よく料理してみせた。なかでも「怒り」については「憤怒」や「憎悪」「暴力」「執念」「悪意」などなど、同族のさまざまな単語を駆使している。

彼は大罪、つまり「決定的な」あるいは「死を招く」罪とは、主イエス・キリストよりも他の何かを愛することであり、一方「小罪」つまり「赦せる」罪は、キリストを十分に愛さないことだと説明している。

また大罪にも序列があり、まずは「高慢」の罪（神よりも自分を愛する）、次に「嫉妬」の罪（隣人よりも自分を愛する）、「怒り」の罪（神または隣人を憎む）、「怠惰」の罪（意欲なく怠けることで、自分自身に嫌悪をまき散らす）、「貪欲」の罪（所有物を崇拝する）、「暴食」の罪（食べ物を崇拝する）、「色欲」の罪（性を崇拝する）となる。

こうした大罪から解放されるためには、まずはじめに真摯に悔い改め、ついで、罪とは対極にある徳を熱心に追い求めることだ。これまた順番に、「謙譲」「神や隣人を愛する」「思いやりと忍耐と寛容」「不屈と胆力と雅量と信仰と希望」「慈悲と憐れみと施し」「断食に禁酒、恥を知ること、節制」「貞操と禁欲」である。

悔い改める手順について、チョーサーはいたって細かい。悔い改めは、心の中の悔悟、言葉による告白、贖罪のための行動の三つの部分からなるという。

悔悟はさらに六段階に分かれる。

（1）罪の自覚と罪悪感

（2）罪に溺れたくないと願う自尊心
（3）地獄への恐れ
（4）善が失われたことへの後悔
（5）キリストの受難を思い起こす
（6）赦しを願い、神の恩寵と天国の栄光を信じる。

告白には四つの条件がある。
（1）良心の呵責にさいなまれ、打ちひしがれた心で行うこと
（2）すみやかに行うこと
（3）十分に行うこと
（4）隠れて横になっては行わないこと。

贖罪のための行動とは、具体的には貧者への施しと肉体を酷使する苦行だ。

怒りについて、チョーサーはよい怒りがあるという立場だ。悪事や不正によって憤慨させられたとき、正そうとする献身的な熱意であり、穏やかに、敵意をともなわず、それも人に対してではなく行為に対して向けられるべきであるとする。

悪い怒りには二種類ある。突如として、血が沸き立つような怒りは許容範囲で、束の間理性による制御を失うだけだが、倦《う》んだ心が悪魔の炉となって産み出される悪意に満ちた計略に、驕りと復讐心が入り混じった怒りこそ、致命的で完全に邪悪な怒りの大罪だ。

チョーサーによれば、怒りの中和剤は忍耐で、これにも四種類ある。言葉で中傷されたときの忍耐、持ちものを損なわれたときの忍耐、肉体を傷つけられたときの忍耐、そして奴隷労働や酷使をされたときの忍耐だ。

第5章　怒りへの抵抗——仏教の場合

　このほかにも、キリスト教修道院や後の倫理学者たちによって、西洋では怒りに関する心理学が数多く積みあげられてきた。細かな点まで徹底的に追究されていることと、また、東洋の上座部仏教に相通じている点で、非常に驚かされる。

　仏教においては、人間に苦痛をもたらす要因を、全知全能の神を信仰するかどうかというところに求めてはいない。というのも、ブッダが「創造神」(当時のインドではブラフマンと呼ばれていた)に出会って、神は全能でもなければ全知でもなく、結局のところこの時空を創造したわけでもなかったと報告しているからだ。

　ブッダは、苦痛の根源は精神が妄念や無知、誤った知識に溺れるところからきていると唱えている。ここでいう妄念とは、自分を絶対的で独立した存在、もの自体であると思い込み、そこからそのほかすべての者も完全に独立した存在であると誤解することだ。

根深く居座っているこの妄念には、本能的なものと概念的なものがあり、人を絶対的な真の存在である自己と真の宇宙の対立という絶望的な状況に投げ込んで、苦しめるのだ。いかに完全な自己であっても、病や高齢、死、苦痛、喪失、苦悩などにより、結局は宇宙に敗れるしかない。

この根本的な妄念は、キリスト教で言うところの「高慢の罪」(神よりも自分を愛する)に似ている。この場合の神は、膨大な生命エネルギーのことになるが。


ここで、仏教の「悟り」がどのようにこの妄念の克服になると理解されているかを説明しておかねばならないだろう。

ブッダは自分のなかに、自分を絶対視しようとする傾向が本能的にも、また知的レベルでも巣食っていることに気づき、自分がほんとうにそのような、本質的に独立した独自の存在であるかどうかを証明しようと試みた。自分の精神と肉体を集中的に批判的な目で内省し、やがて自分のなかに何ひとつ絶対的な自己を発見できずに、妄念を打ち破った。ブッダは、絶対的な自我を発見できなかったことを、自分自身が単なる無であるという現代の物質主義の思想家にも通じるような考えに帰することを排した。そうでなく彼は、ここから自我がまったく相対的な存在であることや、相互に関係しあっていること、その仮想性といった問題が派生してくると理解した。

これによって彼は解放され、相対的存在である自己は、実質上無限に広がる卓越の地平で永遠に進化し続けることのできる、生きた見本として発展させることができるようになったのだ。

これがブッダの悟りの本質であり転生の考えの基本なので、もっと言葉を費やしてもいいのだが、概略は理解していただけたと思う。怒りを克服し、そのエネルギーを有効なものに変えていくためには、この考え方を理解しておくのがカギになる。

自己の存在に対する根本的な誤解、あるいは妄念に続く第二の煩悩は、欲望に溺れることで、色欲や貪欲、暴食が含まれる。もし人が、自分は唯一不変で独自の確固たる存在として宇宙と対峙していると感じるとすると、宇宙の事物をできるだけ自分のなかに取り込みたくなる。いわば、勝ち目を五分五分にするためだ。全宇宙を呑み込むなど、およそ不可能としか思えないけれども。

続く第三の煩悩は怒りで、宇宙を取り込みたいなどと思い込んだ不満とともに起きる。自分のなかに組み込まれようとしない宇宙への怒り、宇宙に呑み込まれてしまうのではないかという不安から生じる怒り、妄念のなかの自分を守るために、対抗する宇宙を滅ぼしてやりたいと願う怒り。

この妄念、欲望、そして怒りの三つは、マイナス心理の一覧表に欠かさず出てくる三大毒だ。次にくるのが高慢、つまり自己を絶対視する妄念に付随して自分に夢中になることであり、さらにそのあとに、昔ながらの人類の友、嫉妬がくる。他人の幸福や幸運を妬ましく思う、というあれだ。

初期のアビダルマの教えでは、六つの根本煩悩がある——妄念、欲望、怒り、高慢に続くふたつは狂信と疑念だ。このふたつの認識上の煩悩は、幻惑された精神の作用を示している。ひとつは絶対的で硬直した独善的な信念やイデオロギーに凝り固まっていること、もうひとつは精神をどこかの方向に向けなければならないと感じているのに、どちらの方向に向けていいかわからず、混乱のなかでもがいている状態だ。狂信の状態では批判的に探究することができなくなるし、疑念にとらわれていると洞察を得ることができない。

ここでは、根本悪である怒りを取りあげて考えてみよう。怒りは、自己と他者がそれぞれ絶対的に分離した存在であるという誤謬《ごびゅう》から生じるとされるが、となると怒りは感情そのものではなく、感情への煩悩であることになる。これは、怒りが人間特有のもので、動物の狂暴さには思考という要素がなく、人間のほんとうの怒りには、感情に加えて、常に何かに害をなそうという計算が働いているとする、セネカの分析と通じるものがある。

六つの根本煩悩から派生する煩悩が二〇ある（ほかに、五〇、一〇八としている教えもあるので、これらの教えは教義ではなく融通無碍なものと考えたほうがいい）。いちばんよく知られているのが、怒りから派生する四つの煩悩、攻撃、復讐、悪意、暴力だ。いずれも怒りによって駆り立てられるが、最初のひとつは怒りが精神や言葉や体を他者への攻撃に向かわせること、ふたつめは憎むべき敵に仕返ししたい渇望、三つめは傷つけるような言葉を使いたくなること、四つめは他人を傷つけたい傾向一般のことだ。

根本的な煩悩を克服してそのエネルギーを自己の解放へ向けていくには、五層に働く段階がある。これは、最近まではかなり難解な教えだった。根本的な煩悩の根源にあるのは、自分が絶対的な存在であるという妄念、誤謬だ。この妄念を理解と知恵によって打ち破ったとき、欲望や怒りといったそのほかの煩悩のエネルギーも知恵に変質することができる。

人を傷つけたり苦痛を招いたりするエネルギーではなく、創造的で幸福を呼ぶエネルギーだ。そうなればそのエネルギーはもはや煩悩ではなく、たしかな喜びに満ちたエネルギーになる。思い出してほしい。「煩悩」とはわたしたちに満足を約束しておきながら長続きせず、そのためにもっともっと欲しくなり、わたしたちの不満をますます募らせるものなのだ。

知恵によって自分は絶対であるという妄念から解放されれば、自分と他者を、それぞれ固有のものとしようとするエネルギーは相対化されて創造的に使えるようになり、妄念自体は「事物を反映する知恵」となる。

ダイヤモンドのように白く輝く基本物質の「地」で、これが有形化の過程だ。

欲望という煩悩はつながりのエネルギーとなり、個々を区別する知恵でルビーのように赤く輝く「火」となる。これが認識の過程だ。

高慢の煩悩は事物を対等にする知恵となり、トパーズのように黄金に輝く「水」であり、これが知覚の過程である。

嫉妬の煩悩はすべてを成し遂げる知恵になり、エメラルドの碧色に輝く。基本物質でいえば「風」であり、精神作用の過程となる。

そして怒りは究極的に現実を完璧にする知恵となり、サファイアの青にきらめき、「空」の要素として意識の過程となる。

煩悩から解き放たれ、悟りを得た心から見ると、精神と感情の深いエネルギーはこうして知恵のエネルギーとなり、どのような色や形のものであれ、あるいはどのような質や心の働きを持っているものであれ、あらゆる生命と死とに、目には見えないけれども、つながっている幸福を表すものとして意識される。そして煩悩から解放された慈悲の心は、このエネルギーをもって知恵ある生きものがすべて自分の可能性に最大限に近づけるような状態に、あらゆる生命を包んでくれるように、宇宙全体の形を変えようとする。

しかし、いかにこのタントラの世界観がすばらしくても、妄念を知恵に変質させないことには何もはじまらない。だからまず怒りのような煩悩を手なずけ、克服することで、そのエネルギーを安心して使えるようになるわけだ。

第6章　怒りを超越するヨーガ

わたしたちはどうすれば怒りを脱することができるのだろうか。

偉大なる聖者にして賢人のシャーンティディーヴァの教えはどのようなものだろうか。

最初の一歩は、せねばならない、と決意することだ。

基本的には「怒り」は、排除したほうがずっと幸福になれるような状態、あるいはやり方を指している。

わたしの徳高き行いが
ブッダを敬い、寛容を示し

――千年の長きに積み重ねられても
――一瞬の怒りで破壊される

ここでの怒りは、「罪」というより感情的な煩悩だ。「罪」は違法行為としての「犯罪」と並列で、その結果として罰が下される。「罪」であれば唯一絶対神の神から、「犯罪」であれば社会から。

煩悩は強迫観念となってしまった性癖で、その煩悩の持ち主がコントロールできるものではなく、持ち主の心身に何らかのマイナスの影響を与える。その影響が今生や一個人だけで終わらない場合は「進化」あるいは「因果応報」となり、進化であれば物質である遺伝子にその影響が組み込まれて新しい存在に受け継がれるし、因果応報と考えるなら煩悩である性癖が「霊的」な遺伝子に組み込まれてその存在の生まれ変わった姿に影響を与える。

ヨーガの忍耐における第一歩は、何よりまず、怒りが悪であり、邪悪であり、悪癖であり、罪であると決断を下すところにある。

悪い習慣を断とうとするときはいつもそうだが、まずは精神が、このよろしくない行いや気持ちを捨てる決意を断固として固めなくてはならない。その段階に行くには、怒りを正しく定義して、怒りとそれによく似た衝動や感情やエネルギーとに、はっきり境界線を引く必要がある。

怒りは、何かに苛立ったり、癇癪を起こしたり、迷惑に感じたり、不満をおぼえたりしたとき、そんな感情を引き起こした相手に対して、害をなすようなやり方で反応してやりたいという衝動が、突如抗いがたく湧きあがってくる、その気持ちだ。そうなると、あなたはもはや頭や言葉や肉体で行った行為の主人ではなくなる。あなたが「怒りを表している」のではなく、あなた自身が不本意にも怒りの道具になっているのだ。

たとえば、自分の感情を完全に制御できているとしたら、完璧な利他愛の権化である菩薩に怒りを感じられる人間がいるだろうか。純然たる怒りや憎悪や暴力の衝動に駆られるのは、良識を失い、憤怒に我を忘れているときだけだ。この「狂気」が、あなたが長い年月をかけて積み重ねてきた功徳を帳消しにする。

シャーンティデーヴァは菩薩に対して腹を立てるという極端な例を引き合いに出しているが、これは西洋でいえば、イエス・キリストに対して、聖母マリアに対して、モーゼやムハンマド、あるいは神様に対して腹を立てることに匹敵する。あらゆる善の源に対して腹を立て、養ってくれる手に牙をむくようなものだ。それはまぎれもない自己破壊だ。

怒りほど危険な悪はない
忍耐ほど効く教えはない
ゆえにわたしはいかなる犠牲を払おうとも
きびしく忍耐を養おう

怒りがいついかなるときでも有害なものであるとすれば、その対極は間違いなく有用なものであるはずだ。怒りの対極は結局のところ愛と慈しみ、ほかの者たちが苦しまないように手をさしのべ、幸せを願おうとする意志だろう。しかし怒りや憎悪から一足飛びに愛と慈しみに移るのは、いかにも荷が重い。その中間地帯にあるのが寛容や忍耐、辛抱、赦しなどだ。

わたしたちは自分が傷つけられたとき、あるいは傷つけられたと思ったとき、怒りをおぼえる。だが苛立ちを感じたとしても、寛容にその苛立ちを耐えしのび、痛みを忍従し、行動に出るのを辛抱し、ついには赦すことまでできるなら、怒りに身をまかせずにすむ。だから怒りに積極的に対抗する方法は、寛容と忍耐を養うことなのだ。

怒りに傷つけられた心を持ち続ければ
わたしに平和はやってこない
喜びも幸福も知ることはない
眠りを失い、失意に身もだえし続ける

何かに、誰かに傷つけられたとき、怒りはその人のうちをもう一度傷つける。みずから生じる第二の傷だ。あなたのなかで怒りが騒ぎ、傷つけた相手に仕返しをさせようとするうちは、心が休まることはない。

普段ならあなたを喜ばせてくれるさまざまなもの——愛する人の顔やおいしい食べもの、娯楽、官能の快楽——も、怒りを感じたそのとたん魅力を失う。完全に怒りにとらわれてしまうと、眠ることもできなくなり、あなたの精神は自分の傷をくり返し思い起こし、報復の手立てを練る。

怒りは、おたがいが強く支え合わなければいけないような人間関係さえも壊してしまう。あなたに依存し、生活や人間としての品位を与えられている人であっても、絶えずあなたから怒りをぶつけられていると、あなたを憎み、あなたを傷つけたり、ひいては滅ぼしたりする機会さえ狙うようになるかもしれない。

怒りは友や親戚を失わせる
「わたしの贈りものをどんなに喜んでくれても、けっしてわたしを信用してくれない！」
つまりどのようにしても幸せには暮らせない
怒りの炎で燃えているさなかには

怒りは炎に似ている——あなたを燃やし、まわりの人を燃やす。周囲から孤立していては幸せになることはできない。だがあなたが人を傷つける危険な人物だと感じたら、まわりの人々はあなたから離れていき、あなたは孤立するだろう。

怒っているとき、あなたはいつも、人を傷つける危険な人間になる。こうしたことを考慮していくと、怒りが常に有害で、よいはずのものまでだめにしてしまうものだという気持ちが固まってくることだろう。

怒り——それはわたしの真の敵
それはこれだけの苦しみを生み出す
しかしそれを制御し、克服した者は
誰しも幸せを見つけることができる

怒りそのものが最大の敵であると考えるのは思い切った決断だ。怒りはあなたをもっとも傷つけ、内側から蝕み、幸福を断ち切る。だが防御が難しいのは、それが自分の心のうちから湧いてくるものだからだ。

実際、あなた自身の仮面をかぶり、あなた自身であるかのようにふるまうことさえある。ただ、いったんこのからくりを理解しさえすれば、幸福を探す努力はずっと単純になる。怒りが悪であると決断することが幸福へのカギだ。というのも、あなたの最大の敵はあなたのなかにあり、その根源はたったひとつなので、向き合って大もとを見出し、それがどのように現れるかを知り、備えをしておけば、怒りの根を掘り起こすことができる。そうすれば、怒りの害から自由になり、少しずつ怒りを克服していって、自分が探している幸福を見つけることが現実になる。

これは、仏教における革新的な発見だった。ありふれた苦悩の前にあきらめる必要はなく、自分のまわりでほんとうに起こっていることに無知である必要もなく、社会や時空や他者のみならず、自分自身の内なる衝動や欲求に対しても無力なまま立ちすくむ必要もない。ここかしこで情念や怒りに翻弄されるままにならずともよいのだ。

それまでは意識にのぼっていなかったことを意識し、自分の衝動を理解し、それがどこからくるかを見極め、そのもとを封じ込め、そのエネルギーを自分のために振り向けることができる。衝動が押しつけてくるものに抵抗し、その潜在的なエネルギーを活用することができる。そのエネルギーを自分の人生、自分の幸福、そして愛する者たちの幸福のために取り戻すことができる。

さて怒りを悪とする覚悟ができたら、次は、心のなかの怒りの仕組みを理解しなければならない。

怒りは不快をその糧とする
起こってほしくない出来事に直面すると
あるいは起こってほしい出来事が邪魔されると
不快は爆発し、わたしをなぎ倒す

「怒り」の定義には、これを決定的な大罪とみなす西洋でも、あるいは精神の根本的な煩悩であると見る東洋でも、どちらにも必須の要件として、「我を忘れさせる力」が含まれている。怒りが生じているときは、煩悩がわたしたちの理性や良識を骨抜きにし、精神も言葉も体もその道具にしてしまっている。

シャーンティディーヴァはここで、ほんとうに怒りが生じる前には、起こってほしくないことが起こっているのを見たり、起こってほしいことが妨げられたりして、「精神が不快をおぼえ」不満を感じていると言っている。そうした状態に、次第に苛立ちを募らせたとしても、まだ理性を失ったわけではない。大事なのは、不快が爆発して怒りに自分を忘れ、その道具になってしまう前に介入し、精神的にも、言葉でも、体でも、その不快感を追い払うように努め、積極的に爆発を止めることだ。

それを見たわたしは注意深く
わが敵の糧を取り除く
なぜならその敵は
わたしに害をなすことしかしないのだから

発火点に達する前に怒りに燃料を注ぐのを防ぐためには、そのような事態を生じさせている状況に働きかけてもいいし、自分の反応そのものを制御してもいい。

外側の状況に働きかけるのであれば、起こってほしいことが起こるように、あるいは起こってほしくないことを防ぐべく、熱心に、いささかけんか腰と見えるくらいに行動しても構わないだろう（単にけんか腰に見えるくらいであれば、それはまだ怒りとはいえないからだ。怒りの場合は、途方もなくけんか腰になるのだから）。

もしあなたが良識にしたがってエネルギーをコントロールしつつ行動するなら、積極的に打って出ても、自制を失い過剰反応しやすくなっている場合より、ずっと成果が得られる。しかし、外側の状況は手を尽くしても変えられない場合もあり、もっとも恐れていたことが起きてしまうか、もっとも望んでいたことがかなわないこともある。そのようなときには、方向を転じて自分自身のうちに、つまり精神に働きかける必要がある。

何があろうとわたしは
快活さを損なわれない

不幸にしていては願いはかなわない
そして自分の徳までも失ってしまう

みずからの内に介入するとは、感じている不快感や不満が我慢の限界に達するのを防ぐことだ。楽しく、機嫌よく、満足したままでいなくてはならない。

どうしたらそんな風にできるのか。

方法はたくさんある。

自分の身に起きてありがたかったことを数えあげて不満をそらす、もっと悪いことになっていたかもしれないと考えてみる。

気にかかっていることをより深く見つめ、望みがかなえられなかった不運を幸運に転じられないか考えてみる。

そうして自分の忍耐の力を掘り下げる。

不当だと思わずにいられないことを見直して、別の見方ができないか考えてみる。

少なくともあなたは、忘我の状態になっても状況をよくするどころか不幸を増やすだけであることに気づくだろう――外側からの苦痛に加え、内側にも苦痛を抱えるようになることに。ここが肝心だ。なぜならあなたは、煩悩を相手にしているのだから。

煩悩は、そのもととなるものによって、いやな感情をやわらげてもらえるような錯覚でたぶらかしてくるものだ。同じように怒りも、まるであなたの心を助けてくれるようなふりをして近づいてくる。「こんな事態はけっして受け入れられるものではありません！　言語道断！　怒りで爆発してしまいましょう。そうすれば燃え盛るエネルギーで邪魔者を焼き払い、形勢逆転できます。いままでうまくいかなかったこともあったかもしれませんが、ほかにこの苦痛をなくす方法なんてないでしょう！」とばかりに。

こうした精神的傾向に溺れるのは、精神に作用する物質に依存するより、たちが悪い。精神的傾向は自分にとって新しい精神状態となって身につき、自分自身の本質から強制されるものとなって、そのためにいっそう抵抗が難しくなるのだ。

煩悩に支配された人は、勢いづき、高みに昇り、その後、何もかもが悪くなったあとで恐ろしい転落を経験するはめとなるのだが、勢いがつきそうな予感のあるあいだは、そんな転落があることなど無視されがちだ。ここで、怒りを敵として見極めること、ヨーガにおいて怒りを手なずける出発点となる最初の覚悟が大切になってくる。

なぜ不幸なままでいるのか
自分の手でできることがあるのに
もし何もできないとしても
不幸であることそのものは、何かの役に立つのだろうか

これは第一級の行動原理だ。不満がたまってきたときも、頭に血がのぼる前に、その状況に割って入ることができる。機嫌よく、楽しくエネルギーを使って。もし打つ手は何もなくても、自分自身に分け入ることができる。自分の不満にいたずらに狂乱を加えて、不幸の上積みをすることなどない、と思い起こしつつ。

第7章　忍耐を身につける

わたしにも友人にも
必要ないのは苦痛と侮蔑
口汚い言葉と悪評
敵に対してはまさにその反対

怒りとは何だったか、それが苦痛や苦難とどう関係しているのかを思い出してみよう。わたしを怒らせたり、わたしに苦悩や痛み、不快や困惑をもたらしたりすることであっても、それが敵と思われる人間の身に起こると、驚くほどうれしくなってしまうのはどういうわけだろうか。自分ではこうむりたくないまさにその苦痛を、敵には味わわせたいのだ。

幸福の原因は時折起こり
苦悩の原因はしばしば起こる
しかし苦悩のないところに超越はない
だからわが心よ、勇気を持て！

幸せになるより、苦しむほうがよほど簡単だ。苦悩の種は幸福の種よりずっとたくさんあふれているように思えるからだ。

そこであなたは苦しむことのほうが多くなる。

理詰めで考えれば、幸せの種をもっとたくさん見つける唯一の道は、普通は、苦悩を招く原因となっているものを幸せの種に転化する方法を発見することだ。そうすれば、苦悩の体験も魂を超越させるために使うことができる。

超越した魂は解放を目指し、たしかな幸福を求めるためには、表面的な快楽は排することができるのだ。

するとあふれかえっていた苦悩の種が、ありあまる幸福の種になる。

解放に裏打ちされた、たしかな幸福の素に。

だから、自分の耐えしのぶ力を強め、寛容の力を高め、解放へと導かれて幸福を現実のものとするために、あなたは苦悩を求める。

「わたしを殺さないものはわたしを強くする」とニーチェは言い、「苦しまなければ何も得られない」とボディビルダーは言う。

悔恨する人も苦行する者も、意味もなく
切り傷や火傷の痛みに耐えるのに
それならばわが心よ、なぜ恐れるのか
解放のために苦しむことを

「なんと、ここから先はマゾヒズムの世界か？　怒りの解決法に苦痛を求めるなんて、そんなのうまくいくわけがない。あまりに変だ！」

もちろんそんなことはない。

マゾヒストに、心の根深いところで自分を嫌悪する思いから苦痛を求め、そこに快楽を見出す人間になる必要はない。苦痛からはかない喜びを見出すことなどないのだ。

あなたが苦悩を求めるのは、束の間の快楽を打ち捨てて解放され、真の超越を開拓するためだからだ。だから、狂信者やマゾヒストや肉体至上主義者たちがまったく実体のない終点を目当てに、驚くほど痛みへの耐久力があることを、むしろ励みにするといい。

もし彼らにできるなら、もっとすばらしい終点を目指しているあなたにできないはずがない。結局のところ、超越的な忍耐力とはあらゆる苦痛からの解放であり、論理的に言えば、それが唯一、永続する幸福なのだ。

何事も
たゆまぬ忍耐によって耐えるのはよりたやすくなる

だから小さな苦痛を積み重ね
いつか大きな痛みにも堪えられるようになる

忍耐を少しずつ鍛えていくという方法はうまくいく。それは目的が世俗的なものであれ崇高なものであれ、とにかく心や体を鍛錬しようとする過程を見てみればわかることだ。

思いがけない痛みに出合ったとき
虫に刺されたり、蛇に噛まれたり、
急に喉が渇いたり、空腹がきざしたり、
吹き出ものに悩まされたりしたときは、誰しも感じることではないか

これは日常的な常識の範囲だ。かゆみを抑えるには、かゆいところをかくよりもかゆみ止めを塗るほうがいい。

瘌癪を起こさないほうがいい
熱さや、冷たさや、雨や、風や
病や、死や、苦役や、殴打にも
なぜなら瘌癪は、痛みを増すばかりだから

限りある命しか持たず、傷つきやすいわたしたちという存在は、さまざまな物質や自然の作用によって不快な思いをさせられ、悩んだり苦しんだりする。

そうした苦しみは怒りの炎をはじけさせ、雨を恨んだり、風に向かってわめいたり、こんな病気になったと怒り狂ったり、こんな攻撃を受けた、あんな事故にあったと、死に直面でもしたら神様や運命やブッダや、はたまた両親を呪ったりする原因になる。

しかしわめいてどうなろう。

怒り狂っても、自然界の物質や作用や神様の仕業には、何ひとつ影響を与えることはできない。ただただ、自分のうちにある苦悩を増し、困難や抑圧がより際立って見えてくるばかりだ。

なかにはみずから血を流し
それでいっそう勇敢になる者もいる
なかには人が血を流すのを見るだけで
勇気がくじけ、失神する者もいる

それは人の精神のありようによるもの
その本質が勇敢であるか臆病であるか
したがってわたしは傷を無視し
苦痛が自分に届かないようにする

緊迫したなかで、あるいは苦痛のもとでいっそう勇敢になる人もいれば、同じ状況にあって簡単に屈服してしまう人もいる。

どちらを立派だと感じるかといえば、もちろん勇敢なほうであろう。だとすればあなたも、自分の勇敢さを高めていかなくてはならない。

もし苦悩を身に受けても
賢い人はそれで心を曇らされはしない
煩悩と闘うなかでは
多くの痛みがもたらされるだろう

つまるところあなたは、悪弊や煩悩と、特に怒りという煩悩と闘っているのだから、そのように大きな試合中に一度も殴られずにすむとは考えられない。怒りはあなたを利用して、あなたのまわりに痛烈な打撃をまき散らすだろう。

その打撃と向き合おうとするとき、それがまともに命中することも覚悟していなければならない。だから自分を固めておく必要がある。あなたに向かってくる打撃は、あなたを痛い目にあわせたいのだ。

あなたがもしそうした苦痛を当然のことと受け止め、腹を立てたり、自分への個人的な侮辱だと考えたりしなければ、怒りに対するあなたの備えは万全だ。そういうあなたに怒りは勝てない。あなたを怒らせることはできない。つまり大いなる忍耐の境地にいれば、みずからを解放する道を見つけられることになる。

真の勝者は
あらゆる苦痛を受け流す
そして怒りのような仇敵をも
そうでない者はひたすら抜け殻を殺し続ける

戦場での勝者にたとえられているのは、敵なる怒りとの闘いの勝者のことである。怒りなど精神の煩悩は、ほんとうに価値ある敵だ。それを打ち負かせば、解放というほんとうに価値ある果実を手にするからだ。

精神の煩悩を真に克服する唯一の方法は、その闘いで味わう痛みを何であれ受け流していくことだ。それでこそあなたは英雄になる。死の不安も、自己中心的な生き方も、すべて超越した英雄に。

この世の戦場で生きている敵を倒し、殺す勇者は、怒りにエネルギーを得ている怒りの手先であり、これもまた怒りの手先にすぎないゾンビのような敵を倒しているだけだ。

怒りによって戦場に駆り立てられる者は、その時点ですでに解放された人生を失い、大義のためのゾンビと化している。そんな戦場の勇者は、すでに抜け殻となった肉体を倒そうとする英雄の抜け殻にすぎないのだ。敵も味方も、真の敵である怒りに、すでに敗れているのである。

苦痛にはまだ利点がある
苦痛に疲れ果てれば傲慢さも追い払われ
苦痛を知れば転生する生きものへの憐れみも湧く
そして苦痛は、悪徳を遠ざけ、徳を愛する気持ちを生む

ここまでくれば、忍耐の第一段階はたしかなものとなっている。

苦痛を意識的に耐えることで耐性を養い、さらなる解放へ向かうエネルギーとして苦悩を使うすべは身についた。忍耐を身につける鍛錬の第一の目標は怒りを征服することだっ

たが、苦痛を活かして高慢や尊大さを克服するすべとも出会った。おまけに、はかにも煩悩に苦しんでいる者がいることを知り、その苦悩に寄り添って、彼らを憐れみ、自分だけでなく彼らも解放へと導こうとする意志までも見出したのである。

第8章　怒りを手放す方法

苦しみをもたらすものの多くに、わたしは腹を立てない
肉体的な不快感にも
だとしたら、精神を宿した者にはどうして腹を立てるのか
それもみな、状況のままに動かされているにすぎないのに

耐性を養うことで、逆境にあっても我を忘れない忍耐の端緒を身につけたら、精神の分析力を始動させ、今度はさらにまたその先、洞察に基づいて積極的に辛抱するという境地に入っていかなければならない。

怒りは常に、頭のなかでこしらえた一定の枠の範囲で燃えるものだ。その枠は、自分を自分として、そして他人は他人として見ようとする習癖、あるいは本能的な直観が強すぎることで生じてくる。

腹を立てている相手に対しては、特にその相手の意図を重視しがちだ。

通常こうした心の働きは無意識に、ないし機械的に起きていることなのだが、人は自分が絶対化している自己を投影させて敵の人格を絶対視し、あたかも相手が仮借なく自分を痛めつけたいと願っているかのように、相手の意図を悪意に満ちたものにつくりあげてしまう。その考えが頭から離れなくなり、次に相手が何をしてくるかを恐れはじめ、いわば先制攻撃で怒りを爆発させて、そのどうしようもない恐怖の予感を吹き飛ばそうとする。

ここでシャーンティディーヴァは、もともと爆発しやすい性質を帯びているかに思える怒りが、実際には特定の習慣となった枠組みのなかでだけ働いていることに注意を促している。

体の調子が悪くなって熱に浮かされたり具合が悪くなったとしても、あるいは地震や洪水、火災、嵐などの自然現象で害を受けたとしても、体調や地面、雨や火や風に腹を立てたりはしない。つまり精神の備わっているものだけを敵とみなすのは、それが自分と似た存在だと仮定しているからだ。自分自身と同じ固有の存在として自分をそこに投影しているから、その相手はいままで自分を傷つけることを選び、これからも選ぶだろうと考えるのだ。

もし知性を駆使してよくよく考え、自分や相手、現状の現実の姿を分析してみたら、敵とみなしていた相手だって、揺れる大地や氾濫する川と同じように、自動的に動いていたにすぎないことに、すぐ気づくことだろう。敵の行動もまた、あなたと同じように、無意識の衝動につき動かされてのものだったのだ。独立した意志を持っていたわけではない。あなた自身と同じように、内なる衝動の犠牲者にすぎなかったのである。

病が意図せず起こるように
精神の煩悩もやむをえず起こる

胆嚢《たんのう》が体に病気をもたらすのは、何か独立した意図の持ち主がいてそうしているわけではなく、自然な体の仕組みによるものだ。だから悟りにいたっていない精神の持ち主が怒り（怒りも精神の病といえる）に駆られるのも、妄念や欲や怒りなどといった煩悩のためであって、それ自体は何らの意図なく機械的に働いているのである。

ここでわざわざ「胆嚢」と言っているのには意味があって、仏教では「胆」は、物質界の火、精神的な毒としての怒りに相当する内臓であると考えられているからだ。

人は「わたしはこれから怒りに我を忘れる！」と考えるでもなく
自分ではどうしようもなく怒りに我を忘れている
また「これから怒りを生み出さねば！」と思うでもなく
怒りはひとりでに生み出されてくる

怒りの煩悩に取りつかれている人は、みずからの意志で怒りを表すわけではなく、ただ単に怒りで爆発しているだけだ。もしかしたら怒る前に「ここは何としても怒っておかなくては！」と考えていることもあるかもしれないが、怒りの本質は、怒りのほうがあなたをわしづかみにして、自由な意志や知的な判断力を奪うのだ。
同様に、憤慨して怒っているときにも、さあこれから憤慨してやろうと自由意志で選んでいる主体がいるわけではない。炎は、今度はあの丸太に燃え移ってやろうと考えて燃え広がっていくわけではないのだから、あなたとあなたの怒り、敵と敵の怒りは、いずれも意識的な意図などなく機械的に発生しているものなのだ。

どのような邪悪も
どのような悪徳も
すべては状況のなせること
そこには何らの意図も働いていない

悪意に満ちた行動や精神の煩悩に、何か自由意志を持った主体がいるかのように見えていたからくりを見抜けるようになり、個人とは無関係な要因や状況によって張り巡らされているネットワークを見分けることができるようになると、分析の目はほどなく洞察にいたる。

こうした状況が寄り集まっても
「誰かに害をなさせろ」と願うわけではない
あるいはその産物たる害も
「これから生まれるぞ」と意図するわけではない

たがいに連関しあう事象のネットワークには、誰か特定の個人を傷つけようとする意図を持った、人格化できる主体は不在だ。

すなわちあなたが怒りを向けるべき対象、これこそが自分の苦悩の源であると意識的により分けて、自分の幸せを得るために破壊することのできるような相手は、現実には存在しないことになる。

自明の理とされる魂も
理論上想像された存在（自我）も
けっして自発的に
「何かに害をなすために、生まれなければならない」と考えて動いているわけではない

宗教や哲学が想定している魂や、人間や事物の本質というものは、常に絶対的存在と仮定されていて、定義上これ以上細分化できず、不変で、相互関係を持たない存在であり、したがって合理的に考えた場合、相互関係のなかで考えたり行動したりする存在と見ることはできない。

そのようなもの（魂または自我）は生み出されてはおらず、存在しないので
そのようなものの（害をなそう、行動しようとする）意志も存在しない
そのようなものは永久不変の関心を対象に寄せ続けねばならないので

それが（行動に）結実したことはない

純粋な知の領域では、このような考え方が形而上学的な批判精神へと進んでいき、インドやチベットの仏教大学では、そうした観点から絶対的な自我のさまざまなありようを批判的に検討することが盛んに行われている。

ここでは中心的な話題は怒りなので、そういう批判的検討について長々と述べる必要はないだろう。

ただ、そのような永久不変で、すなわち絶対的で不可分で、ほかとの結びつきを持たない不滅の魂や自我といったものは、一定条件下では生み出されるはずがなく、だからそれは無条件の、いまだ生み出されてすらいない空のようなものでしかありえない、と述べておけば十分だろう。

空のような無条件の存在は、したがって考えるとか行動するというような、主客のある条件下の作用に加わることはできない。

もし自我が（言われているように）不変であるなら
それは空のように不活性でなければならない
ほかの存在と出会ったとき
自己を変えずして何ができようか

このように思考を深めていくと、永久不変で絶対的な自我というものが連関しあう全体像にはあてはまらないことがわかる。
それ自体が変化し続ける事物に遭遇したり、ほかとつながりあっている何かとつながりを持ったりして、絶対的自我という存在の存在しがたさが顕わにされていくのだ。

もし何らかの行為によってもそれが以前と同じままであり続けるなら、
その行為は何に影響したと言えるだろうか
「これはこのものによる行為である」と言ったとしても
それが（ほかのものにとって）何の関係があるだろう

ここまでくると、何ものともつながりを持たない単体の絶対的自我の存在は、関連しあう事物の世界から抜け落ち、関連しあう事物の連続体は、いかなる単独の物質にも、要素にも、自我にも邪魔されないネットワークとして立ち現れてくる。

この解放感はここまで進めてきた洞察によって得られるものであり、自分自身が見たり聞いたり感じたりする核としての絶対的な自己像というものは、この洞察によって次第に形を失っていくだろう。

この「これは自分である」という感覚があるから、怒りはそこに依拠して、あたかも怒りの衝動がどうしようもなく絶対的なものであるかのように出現するのだ。

このようにすべての事物はほかの事物の力の下にあり
ほかの事物もまた別の事物の力の下にある
それを知ったいま、わたしはもうけっして怒りをおぼえない
ただの幻と同じ実体のないものには

洞察は、批判精神をもって、全体像のなかにあるさまざまな違いを絶対視してしまうあなたの見方をひとつひとつ解き放っていき、忍耐を高める。

あなたが自分の「自我」である、「敵」である、「害」である、「復讐」であるとみなしてきたものがあるから怒りはあなたをコントロールしてきたのだが、そうしたものは、すべてあなたの精神の執着がつくり出したものであったと思えるようになってくる。

そうなれば、これは自分の身に実際に起こったことであり、自分がこうしなければならないのは避けられないことだと思い込んで自分を閉じ込めていた檻のカギを開けることができる。

すべてが非現実的で流動的な色合いを帯びてきて、さまざまなレベルで柔軟に反応できるようになっていく。

以前は、こんな耐えがたいことには怒らなければならないと思えていたことに対しても、辛抱し、よく注意して吟味し、対応できるようになってくる。

それはあなたが、物事を外からも内からも、いろいろな角度で見られるようになったからだ。

「もしすべてが非現実なら、誰かが何かを排除するということがあるのか？
怒りを排除することも、理屈に合わないのではないか？」
怒りを排除する実はないわけではない。もしも
途切れのない苦難の流れに割って入ろうとするのなら

反論したくなるかもしれない。

「どうしてわざわざ怒りを律しなければならないのか。怒りが非現実で敵も非現実で自分も非現実なら、何をしようが意味がないではないか！」と。

そう、すべては非現実なのだが、それでも非現実な人が、非現実の苦難を、非現実的に経験するのである。

ここでいう「非現実」とは、絶対的で本質的に実体があると考えていたものが、実は「絶対」が非現実的であるのと同じくらいにしか現実的でなく、言いかえれば相対的にしか現実でなく、だから人は、物事の相互関係を何かもっといいものに変えようとする責任を負わないということだ。

「非現実」とは、事物の存在の質について言っているのであって、まったく存在していないという意味ではない。相互に関連しあっている事物は、たしかに絶対的なものとしては存在しないけれども、相対的には存在する。

相対的な関係のなかにあっても、わたしたちは途方もない苦しみを味わうことはあり、怒りはその苦しみを倍加するような破滅的状況をもたらすのだから、怒りを排除するのはまことに有用なのである。

だからもし敵や友人の
悪い行いを見たら
わたしは明るさを保ちながら
「これは状況のなせるわざだ」と思うことにしよう

洞察から生まれた忍耐力を深め、物事の非現実性と現実性とを見分ける耐性を養えば、物事がうまくいかなかったり悪いことが起こったりして生じた不満を怒りに爆発させることなく、物事はすべてさまざまな作用が条件となって機械的に起こるものであり、だから落ち着いて冷静に対処すれば、悪い方向に向かっているものをいい方向へ振り向けることができると考えて、明るくいられるのだ。

もし苦悩が任意に起こるものだとしたら
誰しも苦悩を望みはしないのだから
実体のあるものは何も
苦悩を経験しないことになる

強調すれば、存在というものの無力さを、敵の無力さをも含めて受け入れることができれば、苦悩が生じているのはただ、その存在がとらわれている混乱状態と精神的煩悩のゆえであって、そのなかでは存在の選択の自由や意志は奪われているということを認識できるだろう。

不注意によって
人は自分にとげを刺し、傷つけることがある
そして友を得るために
人は執着し、疲弊する

人間の無分別な行動を調べてみると、キリストの有名な言葉を待つまでもなく、人がいかに自分の行動に無頓着であるかに気づく。

崖から飛び降り
毒や有害な食物をとり、みずからを滅ぼす者がある
だが多くは向こう見ずにも
徳のない行動でみずからを滅ぼす

怒りが結局は自分に振りかかり、わが身を滅ぼした人を見てみるといい。その人にとっ

て怒りは何かの足しになっただろうか。仮にその人が完全に自制できているというのなら、なぜ結局はわが身を滅ぼすようなまねをするのだろう。

もし煩悩に感情をとらわれた人が
その影響で愛する者さえ殺すとしたら
愛する者でない肉体を
傷つけずにすむだろうか

精神的な煩悩のせいで自分ではなすすべもなく、自分自身を傷つけたり滅ぼしたりしてしまうとすれば、そういう人たちが怒りによって他者に向かわされたとき、その人を傷つけも殺しもしないと期待していいだろうか。

このように煩悩に強いられて
たとえば誰かがわたしを殺そうとするとき

その相手に憐れみをおぼえるのは難しいだろう
だが逆に、怒りを抱いて何になろうか

自分を傷つけようとする相手、殺そうとする相手を思いやる心境になるのは、すぐには難しいかもしれない。

そんな場面ではとっさに戦うか逃げるかする反応が出るだろうし、実際問題として自分の身を守らねばならず、仮想の攻撃者に同情を感じる暇などないかもしれない。

しかし、だからといって、わざわざ怒りを爆発させるのか。

そんなエネルギーは、傷つくのを回避し、効果的に敵の頭を冷やしてやるために、もっとも合理的で冷静な対応をするためにとっておくといい。

愚か者にとって
人を傷つけるのが自然なことなら
腹を立てるのは間違っている

それは火が燃えるのを恨むようなものだ

もし何かに火が点いたら、何より消すことに全神経を集中し、あらゆる手立てを尽くして、できる限りすみやかに消火しようとするだろう。その前に炎に腹を立て、炎に向かって怒鳴ったりわめいたり、暴言を吐いたりはしないだろう。そんなことは時間と労力の無駄だと思うからだ。

だから悟りを得ていない者があなたを傷つけようとすることに、ことさら腹を立てる必要はない。ただそれによる傷を最小限にするか、あるいは回避するために、全力を尽くせばいい。

もし相手が善良で
邪悪な害をなそうとするのがほんの時折のことであったとしても
腹を立てるのはやはり間違いだ
それは煙でいっぱいになったからといって空間に憤るようなものだ

感覚の備わった生きものは、何より自分を苦しめることを避けようとし、したがって他者を苦しめて自分に危害が及ぶような事態に追い込まないようにするものだと考えるならば、怒ったり人に危害を加えたりするのは、生来の性質に反することであるから、その怒りによって生じた傷は不自然なものであり、それに対して怒るのは妥当なことだと思うかもしれない。

しかし、炎が引かずに煙で肺が焼かれたとして、通常は新鮮な空気に満ちているはずの部屋が煙でいっぱいになってしまったことに腹を立てるだろうか。

そんなことはない。そんなとき、あなたは咳をし、息をとめて、なんとか煙が外へ流れていく道をつくり、火に水をかけるか、部屋から抜け出そうとするだろう。怒っていても何もできない。

棒きれはわたしを痛めつけるが
わたしが腹を立てる相手は棒きれをふるう人間だ
しかしその人間もまた、怒りにふるわれている道具である

だからわたしが怒りを向けるべき正当な相手はひとり、怒りである

ここまでくれば最終段階だ。いまやあなたは明察をもって物事を多様な側面から見られるようになった。

怒りを正当化するような一方的な見方に固執することなく、誰かに棒で叩かれたとき、あなたが怒っているのは、棒に対してでも、その棒を持った手に対してでも、前腕の筋肉に対してでも、二頭筋に対してでも、肩に対してでも、首に対してでも、叩いた相手の顔に対してでもなく、意図的にあなたを傷つけようと、棒でもってあなたを叩いたその人物であると見分けることができる。

あなたの怒りは、相手が意図的に選択した精神作用に狙いを定め、その精神作用は悪意であり敵は悪であると断じて、そうしてはじめてあなたの怒りは敵を滅ぼそうと爆発する。

だが一方あなたは、相手が自分自身の怒りに使われている無力な道具にすぎないことを

知っている――あなたを叩いた棒きれが、相手の腕や頭脳に使われている無力な道具にすぎないように。

するとあなたが怒りを向けるべきは、相手を突き動かしている煩悩であり、相手のなかにある怒りそのものだ。

だから怒りに怒りを向けるなら、怒りを滅ぼすことを目指さなければならない。そして怒りを滅ぼす唯一の方法は、怒りが精神に入り込んでくるのを許さないことだ。

怒りは、怒りをおぼえないことによってのみ滅ぼせるのだ。怒りに対して有効な怒りは、ただ耐性のエネルギーになる。

第9章　憎悪には愛を、悪には善を

昔、わたしは人に
こんな苦痛を与え
彼らを傷つけた――
その苦痛がいま、わたしのところに戻ってくる

怒りの根のもっとも深いところにたどり着くには、目には見えない相関的な現実のなかに深く分け入り、無限の時と空間を、生きとし生ける者たちの輪廻の連関の網目を探っていかねばならない。

こうした大きな視点が必要なのは、限りのない時空のなかに事物を置いてみてはじめて、何事もかっきりと決まった枠組みのなかにあるのではなく、偶然に、またかりそめに関連しあっていることが見えてくるからだ。

「最初のはじまり」だの「自存の理」だの「最後の限界」だのといったことを越え、何かに満たされ、永久という空虚から身を隠したいと願っている、自己中心的な人間の投影にすぎない自己から解放されなければならない。


怒りの根に到達して引き抜くためには、この無限の空間のどこで、苦悩や苦痛の源を、ひいては自己防衛の対象を探せばいいのだろうか。

言うまでもなく、答えは自分自身のなかである。

自分自身は、いまもっとも身近にある。

いまの自分を招いたのは、自分自身だ。自分自身のなかになら、直接入っていける。

自分自身のことなら、自分でどうにかできる。

自分を探っても、もしかしたらわたしたち自身、本質的に世界と同じように無限であることがわかるだけかもしれない。

結局のところ、無限の宇宙と厳密には区別がつかないかもしれない。それでも、その無限に自分を通して近づいていくのは、有効な方法だ。

怒りはわたしたち自身のうちからきている。忍耐もわたしたち自身の内からきている。われわれの妄念は、うちからわたしたちを支配している。

わたしたちの知恵は、うちからわたしたちを解放してくれる。だからわたしたちは自分自身の世界をつくることに責任を持たなければならない。

わたしたちを他者と確固として区別しようとする妄念が、わたしたちの苦悩を生み出す。怒りは、自分と他者を分け隔てした世界に破壊主義を持ち込み、世界を恐怖と危険の蔓延する場所に変える。

だから何かよくないことがわが身に起きたときは、いちばんいいのは、自分自身のなかにその源を探してみることだ。その場に腰をすえて他者の世界を非難してみてもどうにもならない。自分の無力感を深めるだけだ。なぜならわたしたちには他者はコントロールできず、どうにかできるのは自分自身だけだからだ。

◆

ここでついにわたしたちも一歩踏み出し、こちらから打って出ることにしよう。喜び勇んで自分自身を責めるのだ。被害者であることを克服するために、あえて被害者を責めるのである。

被害者である自分を責めたからといって、被害者性が深まるわけではない。むしろ被害者であることから解き放つのだ。

すべてに責任を持つということは、すべてを統率するということだ。

「たしかにわたしは傷つけられた。人を傷つけたこともある。だからいま、わたしは傷ついている。そういう状況を招かなくてすむなら、なんてすばらしいんだ！　これからは人を傷つけたりしない。だから自分も傷つかない。以前人を傷つけた分は、それにありあまるほど人を助けて、自分に傷として返ってこないようにしよう」

相手の武器と自分の肉体
両者がわたしの苦悩の原因
相手は武器を生み出し、わたしは自分の肉体を生み出す――
そのどちらにわたしは怒ったらいいのか

棒がわたしに向かって振り下ろされると、ふたつの物体が衝突する――棒と自分の体と。わたしを攻撃してくる相手が棒を取りあげ、武器にした。

しかしそれに叩かれることで、痛みを感じたり、相手にとって邪魔ものになったりしている肉体を生み出したのは、自分だ。

相手はその肉体を脅威と感じ、自分の幸福を邪魔する障害とみなしたから、自分の目の前から取り除くために、棒を振り下ろしたのだ。

衝突するふたつの物体のうち、一方をつくったのは自分だ。それはわたしの妄念によって生み出され、一見、確固として世界のほかの事物からは独立したもののように思える。その妄念が、わたしの怒りをも生み出した。

怒りは醜く、相手にとっては危険に見える。妄念はまた、わたしの欲望をも生み出した。欲望は食い意地が張っていて、相手が求めるものを軒なみ食いつくしかねないように見える。だからわたしは自分の怒りの矛先を転じ、苦悩の大もとへ、棒を持った相手にとって、邪魔になっている自分自身へと向ける必要がある。

渇望のあまり
苦悩にさらされやすいこの人間という肉体に固執するというのなら
触れられただけで傷口に触られたように感じる肉体にこだわるのなら
この肉体が痛むたび、誰を恨めばいいのだろう

もう一度言うと、わたしのこの肉体はとても感じやすく、弱くて、困窮しており、ほかの肉体とは非常に違っている。

そんな肉体こそ、なんとかしなければならないのではないか。

この肉体をどうしたらいいのか。

悟りを得た肉体に変えることができる。

悟りを得た肉体とは、超越した知恵を持った人の肉体であり、そういう人は、結局のところ、自己と他者に決定的な違いはないことも、それでいて悟りを得ていない人々には、何がしかの違いが見えてしまうことも、経験的に知っている。悟りを得た肉体は、ほかの存在と一体になりたいという欲望から解放されている。なぜなら、自己と他者がすでに一体であることを知っているからだ。

悟りを得た肉体は、他者の目に脅威に映ることはない。なぜならその肉体は美しく、有害な衝動を持っているようにも見えないし、そうしたことができそうにも見えないからだ。

悟りを得た肉体は軽々と生き、柔軟に反応し、内から幸福に満ちあふれているので、感じ方も多様で、頑迷ではなく、傷を受けたとしても苦しまず、死すらまったく恐れない。死は単に、生命の表れの表層が変化することにすぎないからだ。

こうした肉体は実際に想像するのも難しいが、想像してみることは大事だ。進化のゴールは悟りを得ていない肉体が悟りを得た肉体になることであり、肉体が不十分であるゆえに苦痛があり、だからこそ、無限の変化が期待できると考えることが大切なのだ。

愚か者は苦痛を求めない
だが苦痛の原因を求めて渇《かつ》えている
そして己の悪徳により、自分自身を傷つける
他人を恨む必要はどこにあろう

ここで愚か者と言っているのは、悟りを得ておらず自己中心的で、苦痛から逃れて幸福を追い求めようとしながら、幸福が現れるとやりすごしてしまう者のことだ。

快楽を得たいという煩悩があるために、快楽に貪欲で、自分が結びついているあらゆるものに始終不満を感じていることは認めない。

欲望の障害になるものは、怒りをもって排除しようとしかしないので、怒りによって自己破壊に導かれてしまう。

妄念や混乱に目を曇らされているので、常に誤解の上に理論を組み立てて、みずから疎外感を強め、さらに混乱したり狂信的になったりして、良識からはずれていってしまう。

地獄の番人さながら
あるいは刃のような葉を茂らせている森の管理人さながら
この苦痛は自分の転生の結果だ
それならば誰に怒りを向ければいいのか

思考や言葉や行為の影響は未来永劫続き、好ましい方向へ向かうとすれば、完璧な悟りとともに、最上の天国へ、神性へと導いてくれる。望ましくない方向へ向かうとすれば、疎外され、緊張にさらされ、苦痛に満ちた地獄や幽界、畜生道へと落ちる。

地獄の領域で鬼に責めさいなまれているとき、責めさいなむのが本性である鬼に、腹を立てるだろうか。

地獄の炎に腹を立てるだろうか。

それは前世でのみずからの悪行が招いた結果だ。だとしたら、わたしたちが恨むべきなのは、転生を負の方向に転じた自分自身の行為だ。

わたしの前世の行いにより
人はわたしを傷つけに来る
そのことで相手が地獄に落ちるなら
地獄に落としたのはわたしではないか

加えて、わたしたちはいま自分を苦しめている鬼の行為にも、責任を負うことができる。鬼は過去にわたしたちが苦しめた者たちが、いま無意識のうちに、心ならずもわたしたちを責めさいなんでいるだけなのだ。

彼らをさらなる悪行へ、害をなす行為へと追いやり、そのような環境に追い立てたのは、わたしたちなのだ。だから彼らに腹を立てないだけでは十分ではない。

わたしたちが彼らの負の転生を引き起こし、いまある境遇に落としたことに悔恨をおぼえなければならないだろう。

ここからわたしたちは、受け入れ、耐えしのぶ忍耐から、積極的に赦す忍耐の境地に入る。苦痛に耐え、辛抱する忍耐を越えて、復讐せず、赦す忍耐へと進んで苦痛の恐怖から解放されるとは、なんとうれしくて、恍惚とした気分だろう。ここは憐れみの聖堂へといたる入口だ。

忍耐をもって彼らを信じれば
自分のなかから多くの罪を追い出すことができるのでは
それでも人がわたしに害をなそうとするなら
彼らこそ地獄の苦痛を味わうのでは

敵はわたしたちに、苛立ちや傷、害をもたらすが、それはわたしたちが忍耐や辛抱、赦しを実践できるチャンスだ。

苦しめられれば苦しめられるほど、功徳になる。

彼らがわたしたちに害をなすがままにするのは、彼らを傷つけることになる。悪意をもって人を傷つけようとするなら、その悪意と行為は将来不穏な結末をもたらすからだ。

わたしたちが救済者たる菩薩に、ひいてはブッダに近づく一方、彼らは長々と地獄の苦しみを味わうが、彼らがそこから得るものは何もないのだ。苦痛を、忍耐を養う練習の機会にしようという発想は、彼らにはないのだから。

このようにわたしが相手を傷つけ
相手がわたしを利するなら
ひねくれた獰猛な精神よ
それでも相手に怒りをおぼえるのか

現時点ではまだ、相手が自分を傷つけるのを容認し、忍耐しすぎるあまり、かえって相手に害をなしてしまうという相互関係に踏み込むのはやめておこう。

いまの段階では、もう少し自分自身の状況を深く見つめ、わたしを傷つけることで、実は自分を破滅に追い込んでいる気の毒な敵に対して腹を立てることは、殺戮の上に殺戮を重ねるようなものであると心に留めて、なおいっそう自分の忍耐力を高める必要がある。

もしすばらしい忍耐の力を持っていれば
けっして地獄に近づくことはない
自分自身はこのように守ることができるけれども
彼らにとってはどうなのか

忍耐があると地獄に行くのは不可能だ。忍耐強い人は、それまで経験した苦痛をすべて、解放を得、苦痛を超越するために使ってきたからだ。

忍耐は、すべてを滅ぼそうとする煩悩と苦痛に対抗する究極の鎧だ。

ただ彼らに暴力でやり返しても
それは彼らを救うことにはならない
わたしの功徳が破られ
積んできた修行が無に帰すだけだ

気の毒な敵が自滅にいたるのを防ぐには、やり返して彼らにも忍耐を鍛錬する機会を与えたらいいのではないかと思うかもしれない。

この理屈は非常に魅力的だ。

正当なる報復をしたいという慣れ親しんだ欲望に、はけ口を与えてくれるからだ。だが、凡庸な人は傷つけられたら腹を立て、いっそうひどい行為に出てもっと悪い転生に落ち込んでしまうことになるだけだ、とすぐに思いいたる。

わたしたちがひとたび相手を傷つけて怒りに我を忘れれば、わたしたちもまた鍛錬の成果を失い、忍耐を高めることで最上界に向かって昇っていたところから、転落することになる。

精神そのものは肉体を持たない
だから誰にも征服されない
しかし精神が肉体に深く執着すれば
肉体の苦痛によって苦しめられるであろう

この主張には驚かされる。シャーンティディーヴァが言っているのは、密教で、「ごくとらえどころのない精神」と呼んでいるもののことだと思われる。

とらえどころのないエネルギーによって、仮想の実態はあるものの、痛みを敏感に感じる実質的な肉体のなかに溶け込むような形では「実体化していない」精神だ。

苦痛や怒りに対処し、忍耐を鍛えているあなたは思い起こすだろう。あなたの実質的な肉体には、たくさんの害が降りかかってきたことを。そして肉体にともなって、自分を自分としている人格、六つの意識と結びついたあなたの精神にも、同じようにたくさんの害が降りかかっていることを。

輪廻転生はあなたの肉体を人質にあなたの精神を抑えつけ、肉体を痛めつけて精神に介入し、精神を怒らせて煩悩へ引き戻そうとする。

ここで言われている「実体化していない精神」というのは、仏教的な見方からすると、前世から今生、来世へと転生しつつ引き継がれていく「魂」である。

「実体化していない」とシャーンティディーヴァが言っている意味は、精神が体とは完全に異なる存在であるということではない。

精神も、実のところ実体としてある。それは、実質的な骨肉のうちに存在するかもしれないし、はかないエネルギーがまとまったものかもしれないが。

シャーンティディーヴァが言わんとしているのは単に、精神がある特定の肉体だけに個別に縛られるものではなく、来世へと進化ないし退化しながら、次々と現世に現れるさまざまな肉体と、ともに存在し続けるということだ。

死や苦痛をものともしないほどの忍耐と、怒りに対する耐性を身につけるには、自分自身の固有の肉体から離れる力を念頭に刻まなければならないだろう。

では、肉体よりもう少し個別性の見えにくい、言葉や精神のレベルに目を転じてみよう。

侮蔑や
悪言、悪評などは
肉体を傷つけることはない
それならばなぜ、精神が怒りに波立つのか

言葉で傷つけられたとき、その痛みは身体的なものではなく、それでも、その傷は腹を立てるのに十分すぎる理由になる。侮辱や中傷、攻撃的な物言いに接すると、わたしたちはたいてい猛烈に腹を立て、憤慨する。

だが、言葉はこだまのようなものだ。

わたしたちが言葉によって動揺させられない限り、実際に肉体そのものに触れて切りつけることはできない。


「（悪い噂を）このままにしていたら人に嫌われてしまう！」

しかし侮蔑によってこの身が滅ぼされることはない

現世でも来世でも
ならば侮蔑を嫌う必要があろうか

人から悪く思われたくないとしたら、侮辱や悪口に腹を立てないことだ。
挑発の言葉を笑い飛ばして無視できる人を、まわりは嫌うどころか好きになる。

「放っておいたら昇進の妨げになるじゃないか!」
好むと好まざるとにかかわらず
わたしは功徳をここにおいていくことになる
罪に乗り続けていくのならば

悪い噂を放置すれば、よくない評判が立って立場が悪くなり、収入にも影響すると思われるかもしれない。しかしそれは、腹を立てる理由にはならない。われわれは金のために生きる者ではないのだ。

第一、腹を立てたからといって、収入を取り返せるわけではない。状況を悪化させるのが関の山だ。

冷静さを保ち、長い目で作戦を練ってみれば、自分の評判を回復して生計を安定させるもっといい方法が必ずある。

いますぐに死ぬほうがいい
悪い行いを重ねて生きながらえるよりは
この先しばらく生き続けるとしても
死の苦痛のなかでは真実が現れる

宗教とは無縁なる身、あるいはかつて信仰があってもいまは世俗の現実主義にどっぷり浸っている身には、ここまでくると理解を超えてしまうかもしれない。

自分の生命がこの一回限りで、偶発的な出来事のつらなりも死の時点でぷっつり断ち切られてしまうと考えるなら、自分の考えや言葉、行為の結果がこの生涯を越えたところにも現れるという責任感を持ちながら生きるのは難しい。

もちろん自分たちが死んだあとの子孫のこと、子どもや孫の暮らしやこの地球、この地球上の生きものに及ぼす影響を考えたりすることはあるだろう。けれども、そんなあいまいな未来を思って、いまの自分を犠牲にするのは容易ではない。

精神と感情とに深く刻み込まれた思い込みを克服し、本能ともいえる怒りを凌駕するほどに洞察を深めるには、自分が連続した生命体であること、今生の肉体から分離しても生き続ける生命のエネルギーであること（ある意味、自分の遺伝子を意識するようなものだが、それよりは少しばかり人格としてとらえている）、目下のわたしの考えや言葉、行動が一役を果たしている輪廻の鎖は、自分の魂がいまの心身を離れたあとも、自分自身に影響を及ぼし続けるものである、として自分を見る視点が不可欠だ。

つまり、怒りに我を忘れてしまう前に死にたいと願えることが、怒りを最終的に克服するために必要な要素のひとつなのだろう。そのように考えた上で、シャーンティディーヴァはわたしたちをさらに導いていく。

あなたは百年のあいだ続く幸せを夢に見る
そしてあなたは目覚める
あなたは一瞬の幸せを夢に見る
そしてあなたは目覚める

どちらの目覚めのあとも
夢に見た幸せは戻らない
人生が長くても短くてもそれと同じで
死のときに終わるのは変わらない

もしわたしが大変な幸運に恵まれても
幸福を長いあいだ享受したとしても
死のときにはまったく空っぽになる
泥棒にすべてを奪われたあとのように

現世で実を得たいがためによくないことを考えたり、言ったり、したりしたせいで、遠い将来が恐ろしいものになり、幸福も台無しになるとしたら、そんなことを考えたり、言ったり、したりしたいだろうか。

いまのあなたにとっては、この先人生はまだまだ長く続き、抱いている目標の数々が何より大切に思えるかもしれない。しかしその目標は、大きな視点で見れば夢の中の目標と似たようなものだ。

あなたはいつ死んでもおかしくない——結局のところ、いずれは必ず死ぬのだから——そのとき、あなたが得た利益も名声も悦びも、たちまちにして失われる。それでもあなたの魂は、自分が考えたり、言ったり、したりしてきた習癖や性向からなる存在としてあり続けることになる。

もちろん、あなたをつくりあげているのは、はかり知れないほどの過去から積もり積もったものだけれども、今生における思考や言動によっても、深く影響を受けているのだ。

このことが常識として考えられるようになれば、自分の精神や言葉や肉体から生じる行動を意識的に、前向きに、美しくしていこうとする動機になるのではないだろうか。

一日中温かい風呂に浸かって過ごすのではなく、表へ出て汗をかき、体を鍛えて美しく力強い肉体をつくりあげていく人のように。

もちろん鍛錬のあとには熱いシャワーで汗を流すわけだから、徹底的に禁欲するというわけではない。ただ、目指すところが目先の利益だけよりも、もう少し手に入れにくいものになるということだ。

怒りとの闘いに勝利しようとするなら、今生の終わりとなる死よりもさらにその先に自分の限界を広げて、自分の向かおうとする方向をひとつにしぼらないでおくことが非常に重要だ。

そうしないとしたら、虚無的な非宗教の立場なり絶対神信仰なりを貫き、現在の行為の善し悪しにかかわらず、自意識は死とともに完全に停止すると断固として信じるか、信仰によって絶対神が天国での一回限りの来世を与えてくれるはずであると、頑迷に信じ続けているほうがいい。

その場合必要なのは、自分がいまここでちゃんと生きていけるように、他者や子孫や社会に対して十分な配慮をすること、現在の自分を気遣う以上の視点が持てれば、自分の目先の目標を気にかけるエネルギーよりも、怒りを抑制しようとするエネルギーのほうが大きくなっていくだろう。

「もし生きながらえ、幸運を手に入れることができたら
罪を帳消しにして功徳を積むことができる」
しかし幸運を手に入れるために怒りを利用したとしたら
功徳を帳消しにして罪を積むことになる

もしわたしが功徳を台無しにしようとしているなら
わたしが生きているのは功徳を積むためなのだから
生きていることに何の意味があるだろう
ただ罪を重ねているだけだとしたら

「いま、怒りをもってこの敵を滅ぼしておけば、自分の人生を引き延ばし、豊かにする

ことができるし、延びた分を使って忍耐のような功徳を積むことができる」と考える人もいるかもしれない。しかしその場合、人生の長く豊かになった分は、すでに怒りに捧げられてしまっていて、忍耐を養いたくても、そうたやすく取り戻すことはできない。

「批判されたら怒るべきだ
批判する者はそうやって他人の自信を打ち砕いているのだから」
と思うなら、誰かが他人を批判したとき
同様に怒るべきではないか

「そういう悪意はなんとか我慢できる
ほかの人に向けられたものだから！」
と思うなら、なぜ自分に向けられた悪意は我慢できないのか
その悪意は自分というより、自分の精神的な悪癖に向けられたものにすぎないのに

批判を受けたとしても、その対象を自分と切り離して考えることができれば、気にしないですむ。ちょうど他人が批判されていてもまったく気にならないように。

しかし、批判されるということは、必ず、貪欲であったり、怒っていたり、高慢であったり、けちけちしていたり、偏見があったり、思い違いをしていたり、要は批判されているものの正体は、そうした精神的な悪癖である。あなたが腹を立ててしまうのは、自分自身と悪癖とを混同するからだ。

人が聖像や聖遺物や聖書を
悪く言ったり壊したりしたとき
怒るのはふさわしい行為ではない
なぜならブッダをはじめ聖人は、それでは傷つかないのだから

誰かが神を冒涜し、聖なる品々を傷つけたとしても、腹を立てて復讐しようとはしないほうがいい。人間がこしらえる聖像は悟りを得た存在そのものではないし、物質にすぎな

い絵や本や像が壊されても、ブッダは少しも気にしないのだから。本人が怒らないのに、なぜわたしたちが怒る必要があるだろう。

わたしはバーミヤンの仏像を破壊したタリバンに激怒した仏教者たちに同調しなかったが、そのことでマスコミに驚かれた。

もちろん仏教者たちは、仏像のように霊験あらたかなものを壊すのが悪い因果であると信じている。破壊した者自身がやがて解放され悟りを得る機会から遠のくわけで、つまりそのような形で、破壊者はすでに自分を、十分すぎるほど痛めつけてしまっているのだ。その上こちらが腹を立てるなど不要なことだろう。

師を、親戚を、友を傷つける人に
腹を立てるのはやめよう
そうしたことはいずれも
機械的めぐりあわせからきているのだから

知覚あるものは傷つけられる
魂なきものによっても、ある者によっても
ならばなぜ、魂のある者にだけ腹が立つのか
そのくらいならいっそ、あらゆる害を耐えたほうがいい

このふたつの事例のように思えれば、あなたの忍耐はかなり洞察が進んだ状態まできている。

人が妄念のゆえに人を傷つけ
相手が妄念のゆえに腹を立てるなら
罪の大きいのはどちらだろう
罪の少ないのはどちらだろう

どちらの場合も、責めを負うべきは妄念だ。傷つけた人も、傷つけられて怒った人も、

ふたりとも現実を見抜く目を曇らされており、怒りが人を傷つけるのと同じくらい悪い因果となることに気づいていないのだ。

なぜかつてのわたしは悪い行いをしたのだろう
そのためにいま、人がわたしを傷つけている
すべては自分の前世の行いのためならば
現世での敵に怒りを向ける必要があるだろうか

何の罪もなく、理由もなく攻撃されたのだから、自分の怒りは相手の攻撃より悪くないと思うかもしれない。

しかし、相手があなたを傷つけようとする理由の奥深くには、前世であなたが相手を傷つけ、怒りをぶつけたことがある。だとすれば、おあいこだ。

どちらが卵でどちらが鶏かわからない傷つけ合いの連鎖を止める唯一の方法は、怒りを避け、辛抱に努めることだ。

いまこのとき、反応するしないという一瞬の問題を、転生する生命の連続性のなかに位置づけ、永続的に意味のあることにしていくのだ。

このことを理解できたなら
心して功徳を立てよう
あらゆる手を尽くし
誰もがたがいに愛を持って接するように

意識して心を配る基盤ができたなら、積極的に、憐れみまた愛するというさらなる功徳の方向へ進むことができる。他生の因果は、十分な忍耐の力があれば、もちろん現世で助けになる。

死を言いわたされた者も幸いではないか
手を切り離されたあとに解放されたなら

人の世の不幸を味わうわたしは幸いではないか
それにより地獄の責苦をまぬかれるなら

今生のささいな痛みでさえ
もし耐えられないなら
それこそ地獄の苦しみの源となるのだから
怒りくらい抑えようではないか

自分の欲望を満たすために
すでに何度も地獄の火に焼かれた
悪い因果のせいでいままでは
自分のためにも人のためにも何のいい結果も生んでこなかった

だがいま大きな目的が達せられた

地獄の苦しみにくらべればほんのささいな苦痛を耐えることで
それは無上の喜びだ
すべての人の苦しみを取り除く苦しみなのだから！

あらゆる苦痛をすべて自己犠牲ないし贖罪ととらえて喜ぶというのは、マゾヒズムすれすれかもしれない（キリストの受難はここで誤解されやすい。キリストは自己の境界を自分の肉体に限定しない超越我のヒーローであり、ローマ人から受ける虐待を、忘我の喜びを与えてくれる苦痛として受け入れた。それによって彼は、あらゆる生きものの苦悩をわが身に招きよせ、自分の払う犠牲によって万民の罪が赦されることを願ったのだ）。

もし人が喜んで
すばらしい人（わたしにとっては競争相手）をほめたたえるなら
わたしの精神よ、なぜ
喜んでその人とともに競争相手をほめたたえられないのか

人を祝福する喜びは
忌避されない。むしろ強くすすめられる
天上の主によって広く教えられ
社会における最上の徳のひとつとされる

祝福する喜びは、嫉妬を中和する最高の良薬だ。わたしが教えを受けたラマのなかでもとりわけユーモアのセンスのある人に、かつて言われたことがある。

祝福は怠け者が功徳を積み悟りに近づく道だ、と。

修行者は何か大変なことをして大きな徳を積むものだが、そういう人たちの業績や徳の高さを妬むのを控えれば、いわば便乗して徳を積むことができる（同じ理屈で、他人の悪行をほくそ笑んだりしないように、気をつけたほうがいい。悪事を働いた人と同じだけの罪を犯し、悪い因果を重ねることになってしまうからだ）。

自分のすばらしさが話題になるときは
まわりの人もうれしく感じていることを願うものだが
他人のすばらしさが語られるときは
自分ひとりですら喜んでいたくない

競争相手が賞賛を受けているのに嫉妬するなら、あなたは二重の意味で敗者だ。
賞賛も成功も手にしていないばかりか、不機嫌になればさらに不幸に落ち込んでいく。

悟りの真髄は
生きとし生けるものすべての幸福を願うことであると考えるなら
なぜ腹が立つのか
人が自分の幸せを見出したときに

競争相手である人物も、もちろん「生きとし生けるもの」の一員で、そのすべてが苦痛から逃れることをあなたは願っていたはずだ。

あなたのまったく関知しないところで相手がささやかな成功によって現世での幸福を得たとする。

それであなたが不幸を感じるとしたら、あなたの願いはなんだったのか。

もし、人がよい思いをするのが気に入らないなら
悟りの精神はどこへいってしまうのか
そのような境地へ届くことができるだろうか
人の幸福を腹立たしく思うなら

賞賛などを受けることは気持ちを乱す
転生する生命を迷いなく思う心を壊し
卓越した人との競争を揺るがし
真の成功を得る機会をつぶす

賞賛や名声は執着となり、人生において本当に意味のあるものを追い求めることから、わたしたちを引き離してしまうこともある。
一見人生にとって有益なように思われるけれども、人生の本当の目的、すなわち完全なブッダへと転生していくという目標へ集中している気持ちをそらしてしまう。

したがって、わたしの評判を
つぶそうと狙う人々は、実際には
わたしが低劣な存在に落ちていくことを防ぐことに
深く関わっていると言えないだろうか

陰でわたしたちの悪口を言い、嘘をついたり欠点を大げさに言いたてたりして評判を落とそうとする人は、なまじほめられて人生の目的を見失ってしまうことから、実質的にわたしたちを救い出してくれているわけだ。

解放を得ることに身を捧げるわたしに
利益や地位の束縛はいらない
そうしたくびきからわたしを解き放とうとする人を
どうして恨むことができるだろう

だから、一生懸命になって中傷で人をそそのかし、わたしたちを傷つけようとする人たちには、諸手をあげて感謝しなくてはならない。

わたしが苦しむのを望む者は
わたしを祝福するブッダと同じだ
あらゆる危機からわたしをすくいあげてくれる
どうして恨むことができるだろう

これは至高の忍耐だ。「相手は自分のやっていることがわかっていないのだから許してあげよう」という境地をとっくに脱して、「こんなひどいことをしてもらったおかげで最上の幸福にぐんと近づいたのだから、感謝しなくては！」の境地に到達している。

しかも相手は、因果応報でいえば、他人を傷つけることによって自分を大変な危険にさらしているわけだ。

「だが功徳を積むのを邪魔されたらどうする」
功徳を積むのを邪魔する相手であっても、腹を立てるのは正しくない
なぜなら忍耐ほどすばらしい鍛錬はないからだ
相手は耐えるのに手を貸してくれていることにならないか

もし、自分がいたらないために
忍耐し続けることができなかったなら
結局のところわたしの邪魔をしたのはわたし自身だ
功徳をさらに積むこの機会を逃したのだから

もしある出来事が、別の出来事なしにはけっして起こらないとしたら
そして別の出来事さえあれば起こるとしたら
その別の出来事がある出来事の原因である
だとしたら原因が障害物になることがあるだろうか

贈りものを受け取った人は
わたしの好意を妨害しはしない
修行の修了を授ける者は
修行の修了を妨げはしない

何かを受け取る人は世界に数多くいる
しかし害をなす者は少数だ
もし自分が人に害をなさないなら
人はたいていはこちらに害をなさない

だからわたしは敵のうちにも喜びを見出さねばならない
悟りへいたる忍耐を手伝ってくれるのだから
それは家のなかで宝物を見つけるようなもの
わざわざ探しに行かずとも手に入る

亡くなったタラ・トゥルクは非常にユーモアに富んで発想の豊かなラマだったが、わたしはこの師に、目から鱗の落ちる思いをさせられたことがあった。

当時わたしは仏教を学んで何年も経っていて、自分がそれなりに進歩していると思っていたのだが、師はわたしにこう言ったのだ。

もしここで自分がしている修行の意味がわかっているのなら、きっといまテレビの賞金番組の司会者が訪ねてきて一〇〇〇万ドルくれるより、朝食の席で終生の仇敵に出くわすほうがうれしいと感じるはずだ、と。

そのときわたしは、自分が悟りからはまだまだ程遠いことを痛感するしかなかった。

いまだにこの境地に達するのは不可能に思えるし、あれこれ理屈をこねてみても、ここに紹介している韻文に語られている次元には到底かなわない。

もちろん、一〇〇〇万ドルあれば気前よく施したり教えを広めたりできるだろうし、終生の敵であっても、わたしがその金を用立ててやれば、多少歯がみをしながらも、敵意はおさめてくれるかもしれない。

しかしここで重要なのは、わたしが仇敵を宝と思えるかどうか、相手の悪意を自分の忍耐を高めるために使わせてもらえるかどうかだ。なぜなら、わたしからの贈りものを受け取ろうとする人よりも、わたしが忍耐を試せる機会を与えてくれる人、つまりわたしに害をなす敵のほうが、ずっと少ないと思われるからだ。

わたしは敵により忍耐を鍛錬する
だから敵はわたしからの贈りものをいちばんに受け取るにふさわしい
敵への忍耐という贈りものを
敵こそわたしの忍耐の出発点だから

ダライ・ラマが長年にわたって、チベットのおおいなる敵である毛沢東や、毛の人民に思いをはせているのは、このいい例だ。

あるときアジア協会で、もっとも尊敬する人物は誰かと訊かれたダライ・ラマは、非暴力の使徒ガンジーの名をあげたが、同時に、暴力の使徒にしてチベット解放の敵であり、チベットの法や環境、百万を超える人々の敵である毛沢東の名もあげた。

このような敬意を示すのはやりすぎだろうか。

ダライ・ラマが自分の敵を認めようとするあまりの収支のアンバランスなのか。あるいは毛によってもたらされる害悪から自分自身の忍耐を養おうとする自分本位の現れなのか。

それよりも、害悪をなすことで自分を負の因果へと追いやっている毛自身や、害悪をこうむっているチベットの人々を救い出そうとするべきなのか。

「だが敵は、そのような敬意には値しない
相手はわたしが忍耐を養うことなど望んではいないのだから」

　　と言うのなら、なぜ聖なる法典を敬うのか
　　聖なる法もまた、鍛練を求めているのに

赦しの障害は、このように根が深い。

敵の悪意に気づいたとしよう。

敵がわたしたちを傷つけたいと願う悪意の手先だとしたら、なぜ相手を赦すだけでなく、その上認めなければならないのか。

なぜ忍耐の上に愛を示さねばならないのか。

敵は単なる邪な人間なのだから、つぶしてしまえ！　と精神のなかの怒りは叫ぶ。

だがそういう声にわたしたちは応えよう。

「法の教えと愛とは、意志のないもので、わたしたちを助けたい、高めたいとは願っていない。それでもわたしたちは法の教えと愛を認め、敬う。わたしたちの敵は、非常に得がたく、もっとも高尚な徳を実践させてくれる機会にすぎないのだ」と。

「しかし敵は敬われるようなものではない
実際わたしを傷つけようと狙っているのだから」
だがどうやって忍耐を高めればいいのか
もし周囲の人が医者のようにただわたしを救おうとしかしないなら

だから忍耐が高まるのは
心のなかに憎悪を持っている人のおかげだ
そういう人は、聖なる法典と同じくらい敬われるべきものだ
どちらも忍耐の源になるのだから

これが真のブッダの境地、平等精神だ。憎悪に満ちた精神と、聖典とを同一視するのだから。これこそ耐えがたきを耐える忍耐だ。憎悪には愛を、悪には善を。これが現在にいたるまで、あまたの聖人が拓いてきた境地である。

◆

ここから先にあげる韻文は、ブッダやイエス・キリスト、モーゼ、ムハンマド、孟子、老子をはじめ、歴史上さまざまな精神風土に現れたすべての聖者、哲人を称え、同時に、これまで賛歌に称えられることはおろか、歴史にも登場しなかった母たち、妻たち、働く女たちをも称えている。

彼女たちは世界中のあらゆる社会で、多くの虐待や不当に耐えてきて、それでいてなお、和解し、調和し、平和を築くことを主張し続けている。男たちの愚かしさと暴力によってどんなに貶められようとも、歓喜への扉をあきらめない。

そこでブッダは言われた
生きものの世界はブッダの世界だと
生きものたちを満たした者は
超越を得るのだと

「ブッダの世界」とは悟りを得た者がもっとも深く感じる時空で、まだ自分にとらわれている者のまわりを取り囲む宇宙とは異なるし、自分自身を唯一絶対の超越神に投影したような宇宙でもない。

「純粋世界」であるブッダの世界、悟りのマンダラは、神も悪魔も地獄の住人も動物も幽霊も何もすべて含めた知覚ある生きものたちの精神が交錯する場だ。

菩薩は、そうした生きものたちすべての幸福に奉仕して、ブッダの場をつくる。

こうして悪意と失意の負の循環は終わりを告げ、忍耐の美の世界が築かれる。

菩薩は自分を傷つける悪意に反応せず、忍耐と愛と需要、赦しをもって相手を受け入れ、認めるからだ。

生きものとブッダはひとつのもの
どちらもブッダの悟りへ導く源となるから
ブッダをあがめるなら
生きものをあがめない理由はない

さらに、ブッダは生きとし生けるものの真の友であり
限りない恩義を施してくれるので
その恩に報いるに
自分も生きとし生けるものを愛し、満たしてやるしかない

ブッダは自分の肉体を捧げ、衆生のために地獄に入った
だからブッダへの報恩とは、自分もまた衆生を助けること
とすれば衆生がわたしに害をなしても
わたしは最大の徳で報いる

もっとも見ていない者が真に自分を見ていると言ったとき、キリストはブッダとともにあったのではないだろうか。

衆生が幸せなら仏は喜び

衆生が傷つけば仏も傷つく
わたしも衆生を愛し、そうして仏を喜ばせよう
衆生を傷つけることは、仏を傷つけることになるのだから

肉体が炎に焼かれているとき
喜びを得ることができないように
衆生が苦しんでいるとき
憐れみ深き方が喜ぶはずもない

わたしはこれまで衆生を傷つけ
そのために憐れみ深き方に不快をもたらしてきたのだから
過ちを悔いて告白し
あなたが不快にさいなまれたことに赦しを請おう

天なる主に喜んでもらうため
これから先は自分を律して世界に奉じる
衆生たちよ、わたしを足蹴にし、頭を踏みつけ、殺すがいい──
わたしが報復しないことを、救世主が喜んでくれますように

わたしの目になぜ映らないのか、すべて善きことは
生きとし生けるものを幸せにすることからくることが
いつか悟りを得ることも
現世での栄誉も幸福も

当たり前の人生のなかでも、忍耐は源になる
美の、健康の、名声の
そして幸せな長寿を支えてくれる
この宇宙での最大の喜びを

第10章　怒りに身をゆだねる

まずはっきりさせておきたいのだが、怒りに身をゆだねるといっても、もう一度怒りに屈するレベルに戻ることではない。

むしろ、かつては怒りによって利用されていた大きなエネルギーを取り戻し、燃え立つようなそのエネルギー、あらゆる影を追い払うほどに眩しいそのエネルギーを、叡智をもって活用しようということだ。

忍耐が極限までいき、悟りを得た者がそれによって卓越した存在になったときは、もはや自分に向けられた傷を、忍耐を養う機会とする必要はなくなる。卓越の境地は、すみずみまでが極致に達していなければ到達できるものではないのだ。

忍耐は、叡智が限界を越え、まったく無我の境地となり、敵も傷をなす者も傷も傷つけられた者も実質的に区別がなくなったとき、究極の忍耐となる。

忍耐をきわめた人（ここでは女性と仮定しておこう）は、受難しても傷つくことはない。なぜなら彼女は、究極にまで達している忍耐の力のおかげで、誰にも侵すことのできない無尽蔵の喜びに満たされているからだ。

一体化した無上の喜びのなかにあっても、全体を形づくっているひとつひとつはまだ見分けられる。しかし生きとし生けるものすべてを包み込んで、どこまでも自我のない彼女の肉体のどこかが傷つけられ、それが自分と渾然となった他者への憐れみとして感じられたとしても、彼女の至福は損なわれることはない。衆生は他者から疎外されていると誤って感じているために、苦痛を受けるとそれが耐えがたい痛みとなり、自分たちにもある至福の喜びに近づける可能性をみずから閉ざすことになるのを彼女は知っているのだ。

苦痛のなかで、衆生は他者を傷つけることによって孤立を打開しようとする。そして彼女までもがその標的となるのだが、表層的な傷によっては、彼女の至福は揺るがない。

忍耐と洞察、そして赦しを鍛錬することで怒りを調伏できたとしても、その炎のエネルギーはまだそこにあり、叡智の天使によって、破壊とは別の目的に使われることができる。怒りはここで卓越した創造者に、喜ばしい勇者のエネルギーになる。

ここまでくると、現世で孤立し、苦悩を感じているものにどう接するかを考えるとき、もはや自分がこの状況からいかに学ぶかを考える必要はなくなる。もはや、自分の因果を気にかけなくていいのだ。

それは自己を抹消した殉教者になったからではなく、完全に満たされ、恍惚として存在する、「ヘルカ」と呼ばれる憐れみに満ちた無我のヒロイン、ないしヒーローになったからだ。

この境地にいたると、怒りによって破壊に使われていたエネルギーをそっくり創造に振り向けることができる。

偉大なる故タラ・トゥルクの言葉をもう一度引用すると、怒りが駆使するエネルギーは、無知に基づく苦悩の世界を築きあげようとしても、すべて叡智によって壊滅させられる運命にあるのだ。

煩悩は、高慢も吝嗇《りんしょく》も、色欲も貪欲も、嫉妬も、そして最後には怒りも、どれもが破壊される。煩悩は無知あるいは思い違いで、あらゆる悪徳の根源だ。こうした悪徳はいずれも、自己と他者の違いを形あるものとしてとらえ、主と客、人とものの差異を絶対的なものと決めつけることなくしては生じない。

最終的に思い違いが打ち砕かれれば、煩悩のエネルギーは解放のエネルギーとなり、叡智はそのエネルギーの価値を認めて、解放と至福の世界を築くために使おうとするだろう。

煩悩は映し出す叡智となる。物質の世界が鏡になり、相関の世界を、ダイヤモンドのごとく白く輝く自由の世界を、個々別々に存在するかにみえた物質がみずから、純粋に相関しあう世界へと超越していく姿を映し出すことを明らかにしてみせる。

高慢と吝嗇は、平等の叡智となる。自己と他者、人とものとが対等であることを了解し、生きとし生けるものすべてが他者にわが身を捧げることのできる、純粋な寛容さのエネルギーは、黄金の光を放っている。

色欲と貪欲は個別化する叡智となって、真っ赤なルビーの光を放つエネルギーで憐れみ深く美しい存在をつくりあげる。それは疎外され傷ついているものと一緒になり、生きとし生けるすべてのものとの、滋養にあふれ、それでいて解放的な関係性のなかに、傷ついたものを包み込んでいく。

嫉妬と対抗心は碧色をしたエメラルドのエネルギーとなり、自己と他者を統一し、ひとりひとり疎外され孤立した存在では到底なしえないようなことまでも達成できる、途方もなく強力な結合体をつくりあげる。

そして怒りの爆発的なエネルギーは眩しく青黒いサファイアのレーザー光線となり、どこまでも純粋な叡智となる。完全に不変で、ほとんど絶対に近いそのエネルギーは、差異も異論もすべて吸収し、あらゆる障害を破壊し、解放への足止めとなる、もつれやねじれを解きほぐす。そして、死も生も、永遠の解放とのあいだにあるすべてを呑みつくすのだ。

このエネルギーは非常に強大で、自己中心主義も混乱も、何もかも破壊してしまうので、歯向かわれることはない。

このエネルギーは解放そのものだ。

解放からさえも解放され、解放されていることからも解放されている。

そして魂あるもののあらゆる関係のあらゆる段階に、あまねく存在している。

あたかも原子爆弾、あるいは水爆、ブラックホールやパルサー、稲妻かダイヤモンドのように、二元論などなく、絶対と相対が融合し、自己と他者が一体となり、叡智と憐れみ、至福と空とが分かちがたくある至高の実体を暴き出す。

この強烈なエネルギーを体現した神々がヤマーンタカ（「死神をも殺す者」）、あるいはヴァジュラ・バイラヴァ（「金剛」）で、それは瞑想するブッダが怒りに対して怒る姿だ。

菩薩となるブッダ、マンジュシュリは永遠の若さを保つ卓越した賢者で、叡智がけっして滅びるものでないことを、美しくも恐ろしく表明している。

こうした恐ろしい神々に遭遇すれば、わたしたちは恐怖に震えあがるだろうけれども、おぼえておくといい。

死すらも、ここでは終止符を打たれているのだ。

だからもう死はなく、死の神もいない。死は永遠の命とひとつのものになったのだ。

怒りの使い方

中沢新一（人類学者）

この本を書いたロバート・サーマンは、たいへんに面白い男である。学生の頃、アメリカはちょうどベトナム戦争のまっただなかで、サーマンはこの不正義の戦争を遂行しているアメリカ国家に、はげしい怒りを抱いた。怒りは不信に変わり、深い失望に突き落とされた。そういう青年たちは、たいがいヒッピーになって、インドへ出かけていった。

彼らの多くは、出かけていったインドで、チベット仏教と出会って、その魅力にとりつかれていった。それでも、チベット仏教はたいへん敷居が高い世界なので、たいていのヒッピーさんたちは入り口あたりをうろうろするだけで、満足していた。ところが、このサーマン青年は、それでは満足できなかった。頭を剃ってお坊さんになり、お寺に入って厳しい修行や勉強をして、仏教の思想をまるごと身体で理解したい、と願ったのである。

そんなわけで、私がネパールでチベット仏教の勉強をはじめた頃、すでにロバート・サーマンの名前は、外国人としてはじめて「ゲシェ（博士）」となった人物として、よく知られる人物になっていた。ゲシェになるためには、たくさんのお経を読み、哲学の訓練を積まなければならない。その訓練のために、お坊さんたちはディベートに多くの時間を割く。二人で組になって、哲学的な問答を掛け合い、はげしい論議をおこなうのである。

このディベートを正式におこなうときには、雄鶏のとさかのかっこうをした帽子をかぶってやる。雄鶏が怒りをこめて、競争相手を攻撃するように、相手を攻撃するのである。サーマンはこのディベートで、チベットのお坊さんたちをときにびっくりさせるほどの能力を発揮してみせたという。すさまじい勢いで、猛烈な速度で頭を回転させながら、相手をやりこめていくことにかけては、サーマンはしばしば無敵の強さをしめしたらしい。

そのサーマンが「怒り」について書いているのを見て、私はおかしくなってしまった。

やっぱり彼は少年時代から、怒りっぽい子だったのである。不正義を見かけると我慢ができなくなって、論争をふっかける。そして、相手が足腰たたないぐらいまで議論でやりこめないと、おさまりがつかない。そういう子供（いや、青年になっても）だったからこそ、怒りに燃えて、アメリカ文明の大いなる批判者としての人生を、堂々と歩いてこられたのである。

サーマンはその意味で、怒りのエキスパートである。怒りの諸相を知り抜き、西洋文明がそれにあたえようとした処方箋の数々を学んではものたりなく思い、とうとう仏教にたどり着いた。

仏教では、心の働きを制御することによって、心的エネルギーに完全なバランスのとれた状態をつくりだそうとする。そのとき、怒りの感情は特別重要な働きをする。怒りは、心的エネルギーのおおもとの姿である、途方もない「知の燃える炎」からわきたってくる。この感情がしばしば否定的な働きをなすのは、おおもとの純粋エネルギーが、さまざまな煩悩の回路を通ってくる間に、すっかり歪められてしまうからだ。仏教では、この歪みをどうやったら除去できるか、その方法を具体的にしめそうとしてきた。

西洋文明がけっきょくのところ、怒りをもてあましてきた理由を、サーマンはこう考えている。心的エネルギーのおおもとをなす「すさまじい炎」を、一神教の伝統ではただ「神の精神」だけに属するものとしてしまった。そのため、人間が進歩して（悟りを得て）も、怒りから完全に解放されることはない、と諦めてしまったのである。

ところが、仏教では宇宙的なエネルギーであるこの「すさまじい炎」は、あくまでも「人間の心」に属するものであるから、正しい認識がもたらされるとき、はげしい怒りに翻弄されることなく、怒りの感情の奥にひそんでいるエネルギーを、自在にあやつれるようになる、と考えたのである。

一神教の西洋文明は、宇宙的なエネルギーを制御して、そこから有用な熱を取り出してくることのできる「原子炉」をつくりだした。物質界にひそむ「怒り」を、技術によって封じ込め、制御するための技術である。その原子炉が制御不能に陥った姿を目の当たりにして、宇宙的エネルギーをめぐる仏教の無限論的思考ならば、この問題にどう立ち向かうことができるか、私たちはこれから深く考えをめぐらせてみなければならなくなった。

著者紹介

ロバート・A・F・サーマン

Robert A. F. Thurman

1941 年アメリカ、ニューヨーク生まれ。
コロンビア大学教授。宗教学を教える。
ハーバード大学で哲学を学んだ後、インドへ渡る。
1964 年、ダライ・ラマと出会い、
欧米人ではじめて得度を受けた。
1987 年、俳優のリチャード・ギアらと
ニューヨークに「チベット・ハウス」を設立、代表を務める。
チベットの仏教や文化などをテーマに、
執筆・講演活動を精力的に行っている。
娘は女優のユマ・サーマン（『キル・ビル』主演）。

訳者紹介

屋代　通子

やしろ　みちこ

1962 年兵庫県西宮市生まれ。横浜育ち。
大学で国語学を学んだ後、出版社で翻訳校正業務に携わり、
翻訳の道に入る。
現在は札幌市在住。
主な訳書に『シャーマンの弟子になった民族植物学者の話』上・下、
『オックスフォード・サイエンス・ガイド』（以上築地書館）、
『子ども保護のためのワーキング・トゥギャザー』（共訳・医学書院）、
『マリア・シビラ・メーリアン』（みすず書房）
などがある。

チベット仏教が教える怒りの手放し方

2011年5月20日　初版発行

著者	ロバート・A・F・サーマン
訳者	屋代通子
発行者	土井二郎
発行所	築地書館株式会社 〒104-0045 東京都中央区築地7-4-4-201 TEL 03-3542-3731　FAX 03-3541-5799 http://www.tsukiji-shokan.co.jp/ 振替　00110-5-19057
印刷・製本	シナノ印刷株式会社
イラストレーション	Hulot 636
装丁	今東淳雄（maro design）

© 2011 Printed in Japan　ISBN 978-4-8067-1421-7 C0010

・本書の複写にかかる複製、上映、譲渡、公衆送信（送信可能化を含む）の各権利は築地書館株式会社が管理の委託を受けています。

・JCOPY <（社）出版者著作権管理機構 委託出版物>
本書の無断複写は著作権法上での例外を除き禁じられています。複写される場合は、そのつど事前に、（社）出版者著作権管理機構（電話03-3513-6969、FAX 03-3513-6979、e-mail : info@jcopy.or.jp）の許諾を得てください。

●7つの大罪シリーズ　好評既刊●

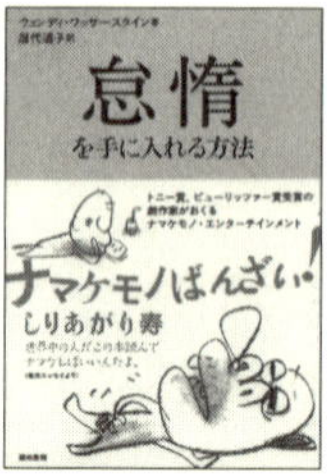

怠惰を手に入れる方法

ウェンディ・ワッサースタイン［著］
屋代通子［訳］
1500円＋税

アメリカを代表する劇作家がおくる
遊び心満載のなまけものエッセイ。
ひとたび怠惰を手に入れれば、
その先の人生に怖いものはなし！

巻末エッセイ　しりあがり寿

嫉妬の力で世界は動く

ジョゼフ・エプスタイン［著］
屋代通子［訳］
1500円＋税

俗物研究者としても定評のある著者が、
ありとあらゆる嫉妬エピソードを紹介。
嫉妬と向き合うためのヒントも
満載の一冊。

巻末エッセイ　香山リカ

●7つの大罪シリーズ　好評既刊●

暴食の世界史
フランシーン・プローズ［著］
屋代通子［訳］
1500円＋税

「暴食」の歴史が明かす、
人と食欲との知られざる攻防記。
空腹と満腹のあいだで揺れ動きながら、
それでも人間は食欲と戦い続ける！

暴食が持つ原罪性とは、
大量に食べることでは決してなく——
大変なことに気づいてしまった

巻末エッセイ　森達也

ANGER